直击人心

社交媒体时代新闻发布与媒体关系管理

李彪 ⊙ 著

人民日报出版社

图书在版编目（CIP）数据

直击人心：社交媒体时代新闻发布与媒体关系管理 / 李彪著 . —北京：人民日报出版社，2017.4
ISBN 978-7-5115-4614-2

Ⅰ.①直…　Ⅱ.①李…　Ⅲ.①新闻公报—关系—传播媒介—管理—研究
Ⅳ.① G210 ② G206.2

中国版本图书馆 CIP 数据核字（2017）第 067883 号

书　　　名：	直击人心：社交媒体时代新闻发布与媒体关系管理
著　　　者：	李　彪
出 版 人：	董　伟
责任编辑：	梁雪云
封面设计：	主语设计
出版发行：	人民日报出版社
社　　　址：	北京金台西路 2 号
邮政编码：	100733
发行热线：	(010) 65369509　65369527　65369846　65363528
邮购热线：	(010) 65369530　65363527
编辑热线：	(010) 65369526
网　　　址：	www.peopledailypress.com
经　　　销：	新华书店
印　　　刷：	北京朝阳印刷厂有限公司
开　　　本：	710mm×1000mm　1/16
字　　　数：	200 千字
印　　　张：	14
版　　　次：	2017 年 6 月第 1 版　2017 年 6 月第 1 次印刷
书　　　号：	ISBN 978-7-5115-4614-2
定　　　价：	36.00 元

本成果受到中国人民大学
"统筹推进世界一流大学和一流学科建设"
专项经费的支持。

序：社交媒体时代我们如何进行有效的话语表达

当下，媒体格局正发生深刻变革，微博、微信、微视频和客户端等新兴媒体"强势崛起"，整个社会表达进入了"人人都有麦克风、个个都是通讯社"的自媒体主导的新时代，传统大众媒体时代的"信息统一生产、统一分发"的模式被打破，自媒体"遍地开花"，再加上2016年被称为"网络直播元年""VR（虚拟现实技术）元年"，以知乎、分答、AB站、网络电台等为代表的新技术平台强势崛起，传统的舆论格局发生了根本性转变，虚拟现实空间与线下空间的界限在不断模糊，社会话语表达在经过系列网络治理后呈现出更加多元与极化的现象。

如何评价当前社会传播的特点和趋势？我个人认为可以从以下三个关键词来把握：接力传播、关系传播和情感传播。新媒体平台不再仅仅只是"两微一端（微博、微信和客户端）"，随着新技术的不断发展，知乎、网络电台、AB站弹幕、网络直播、网络字幕组、笔记类分享应用（如印象笔记等）等已然兴起，并且在公共事务中开始扮演重要源头作用，如雷洋事件最早就是出现在知乎社区，进而传播到人大校友微信朋友圈引爆整个舆论场的，这种"新技术平台爆料—微信刷屏—微博跟进—传统媒体报道—新闻门户客户端打通最后一公里"的接力传播模式已成为网络热点事件传播的主要模式：以知乎为代表的新型技术平台扮演信息源头；微信则为自媒体人观点齐发的话题酝酿和讨论的平台；微博则扮演信息二传手，最终形成社会话题的"平台联动"和"情绪共鸣"；传统媒体则将事件进行"仪式化"报道；新闻客户端则扮演着将信息传播到社会公众的角色，传统媒体"集中生产—集中内容分发"的格局不在，如果说以往的信息生产是百米赛跑，都是传统媒体完成，现在则是信息传递，是接力赛跑，由多个角色接力完成，传统媒体的角色和功能地位发生了翻天覆地的变化，而目前媒介融合和党的宣传大多依然停留在传统媒体"内容统一生产、统一分发"的角色基础上，亟需进行调整和改变。

关系传播是当前传播的"硬件"。随着网络社会的崛起，移动互联网社交媒体的勃兴使人们得以重新部落化、族群化，人与人之间的社会关系也随着社会的进步越来越丰富，人们越来越把过多的私人领域的想象也叠加到社会关系上，并越来越倚重于这种虚拟的社会关系网，社会关系和社会结构发生了本质性变化，而依附在虚拟社会关系网之上的传播关系也会基于新型的社会关系网络而改变和重塑，关系传播将逐步取代大众传播、组织化传播成为社会传播的主流传播形式。以往人们获得的信息主要依靠的是传统大众媒体，在人们获取信息的所有渠道中，传统媒体贡献的社会信息占到八成以上，这种信息传播格局在社交网络时代则发生了根本倒置，网民依靠社会关系网而不是大众传媒获取的信息比例已经上升到六成以上，尤其是年轻群体。

情感传播是当前传播的"软件"。著名营销学大师菲利普·科特勒曾把消费社会行为分为三个阶段：一是量的消费阶段，即人们追逐买得到和买得起的消费；二是质的消费阶段，即寻求货真价实、有特色、质量好的

序：社交媒体时代我们如何进行有效的话语表达

商品；三是情的消费阶段，即注重购买商品的情感体验和人际沟通。人类传播的历史也是按照这个脉络来演进的，因为信息本身就是一种特殊的消费产品形态，从最早的渠道为王时代，民众获取信息的多寡一定程度上与信息渠道本身的丰度有很大关联，那是对信息"量"的消费时代；随着媒介技术的发展，信息渠道的价值在不断消解，民众获取信息的渠道多元乃至冗余，信息熵随处可见，这个时候质量好的信息内容成为民众信息消费的主要形式，内容"质"的消费成为这一时代重要特征；社交网络和社交媒体的崛起，整个社会内容生产者呈现出社会化、立体化和结构化的趋势，好的信息内容不再是稀缺性资源，民众在对信息消费的同时更加关注的是信息本身带给自身的社会情感体验和情绪按摩需求，人们对信息的消费不再是低层次的"我知"阶段，而变成了"我思"高级阶段，注重参与意识和在场意识，注重在传播中实现情感交流和人际互动，即关系消费和情感消费的信息消费方式崛起。

因此，互联网带给我们的所有改变，都是对既有的、过去传统社会中彼此之间割裂的独立存在，在互联互通过程中所形成的新的改变与新的福利。这当然也对传统的经济、传统的产业和传统的管理造成了挑战。面对着这些颠覆性的改变，如果我们对互联网所形成的新逻辑、新规则没有基本的了解，我们可能就会有很大的危险：过去我们的成功经验、成功模式也许会成为我们把握未来的障碍性因素。我们必须要运用新思维去处理和面对。如果只运用过去工作的惯性去画延长线的话，在互联网对这个社会进行重新组织的背景之下，延长线会越画越艰难，成本越来越高，效果越来越差，这是最基本的一个趋势与逻辑。

传统意义上的中国是一个金字塔式的社会结构——直到现在为止，行政管理体系仍然是金字塔式的结构。在金字塔式的结构之下，从传播学的角度看，越是处在金字塔底的人，他们所掌握的信息越有限，传播手段就越受限；而越在塔尖的人，他们所掌握的信息就越充分、越丰富，传播手段也越多样。这就是过去金字塔式的构造对管理者的好处，可以利用信息与传播资源的不对称，实现有效的社会管理——有些信息我告诉你，而有些信息不告诉你；告诉你让你构成对此的关注，构建我的形象，让你的关注往我所希望的方向走，并且有选择地释放我的形象。这就是传统社会赖以得到有效管理与维系的重要的传播学秘诀，传统社会的管理者一个最基本的管理传播的方式就是控制传播。

今天仍有一些地方的管理者，一旦发现了自己的坏消息，第一反应就是把它给屏蔽、删除，这实际上是传统社会惯性的延伸。但问题在于，互联网、社交媒体释放了人们的社会表达，把传播资源分配给每一个人，使其能够无障碍地向社会分享自己的所见所闻、所思所想。这导致传播信息构造率先于社会构造发生了改变，变成了一个围观式的构造，而整个社会管理体系还是一个金字塔式的。现在出现的很多矛盾、问题、纠结、困难都是由于这种金字塔式的社会构造，跟社会信息资源分配环形的围观结构之间产成的矛盾与冲突。那么，围观的社会结构具体给管理者带来了什么影响？

首先，机构以及机构的管理者第一次成为全社会360度、365天每时每刻被外界关注、议论、品评、挑剔的对象，这是管理者与机构从未遇到过的情况。这种情况是让人很不舒服的。不妨设想一下，如果我们自己在一个透明的玻璃房子里，外面的人都可以在不同的角度来凝视、观看，我们就像猴子一样，那我们会感到多么地不方便、不爽快，多么地有压力？

如今是一个常人政治的时代，任何一个机构，任何一个管理者，想

序：社交媒体时代我们如何进行有效的话语表达

建立自己高大上的形象是不太可能了。你得用一种常人政治的方式来跟社会进行对话、沟通与交流，这就对我们的领导逻辑、领导方式、权力行使等提出了全新的挑战。这真的是一种新的开始，围观的社会构造对整个社会实施的游戏规则的改变是深刻的、现实的、重大的。但是，有很多人还没有意识到这样一个新开始。不认识到这一点，就很难实施对社会的有效管理。

其次，权力领域也发生了重大改变，例如议程设置。什么叫议程设置，就是议题管理，让公众关注什么、议论什么，社会的议题是什么，热点是什么，过去这些一直掌握在政府手里。有人问，议题管理重要么？当然重要，议题管理是权力行使的基本领域。我们知道"一把手"很有权，体现在什么方面呢？并不是说他投一票相当于别人的两票，他也是一票，"一把手"的权很大表现在议程管理方面，他有很大的影响力与决策力。比如说今天讨论的是什么，先讨论什么，后讨论什么，讨论到什么时候可能得出结果，这些方面很多时候"一把手"是可以把握和影响的。然而互联网出现之后，众声喧哗就成为意见表达与议程设置的一个风险。公众参与议题设置、草根自设议题这样的现象，开始成为中国社会一道新的风景。

在互联网的情况下，我们在对社会进行沟通与表达时有怎样的不同？很多人会说，跟社会表达，谁不会啊，我们有一整套引导舆论、控制舆论的方式。你掌握的这一套原则、办法、手段在过去可能行之有效，但是在今天它的效力却是在递减的，甚至有的时候可能会适得其反。如何与社会讲话，在今天呈现了种种新的逻辑、新的方式，我们必须要深刻去认识与把握。

互联网到底改变了什么呢？至少，在互联网的情况下，消息的第一渠道已不是物理渠道,而是人际关系渠道。例如,凡是上微信的人,早上起来第一件事是看看微信朋友圈发来的各种各样的信息,有专业的、有社会的、有八卦的,也有许多杂七杂八的信息,里面有大众传播媒介所传播的内容,也有非大众所传播的内容,这构成了我们的基本的社会视野。这种传播是由我们的社会关系与人际关系构造的渠道获得的,我们获得的这些内容都经过了人们的选择、加工与解释,并伴随着种种多层次信息。它不但告诉你发生了什么事,还告诉你我现在在哪儿,情绪怎样,早上吃的是什么,要到哪里去等,所有信息是对一种拟态的圈子里生活话语的多层次反映,构成了你对这个社会、世界的印象,这就是今天的传播。这意味着,大众传播得再多的内容,如果没有最后一公里的接力与进入,就不可能进入很多人的视野与听觉当中。如何嵌入到人们这种圈子传播和关系渠道之中,就成了我们今天的传播者,无论是专业的传播者,还是企业的公关品牌传播者都必须研究的话题。不能用大众传播的那种规则与规律去构建今天的传播内容和形式,必须要具有突破圈子、进入圈子、嵌入圈子的这种特质与能力,才有可能真正影响到想要影响的人。否则,即使你把这些信息放到他的家门口,他可能都充耳不闻。那么,如何让人们入耳、入脑、入心?

过去做大众传播,强调的是宏大叙事,一个传播媒介、一个点对一个社会的巨大面的传播。但今天,如果我们还固步自封、特别自我地表达一种宏大叙事的话,哪怕真的很重要,也无法进入到公众的选择当中。今天社会的主流信息选择接受行为是,我即世界,世界即我,任何一个跟我的生活无关的事情,我管你是什么,我才不会理你呢。

无论是政府传播,还是企业的传播,如今普遍存在有价值、无魅力的问题。魅力与价值之间到底存在着多远的距离呢?魅力里面当然包括价

序：社交媒体时代我们如何进行有效的话语表达

值，没有价值的东西很难有魅力，但是魅力还比价值多了一点点东西，这一点点到底是什么呢？简单地说，就是内容叙述的逻辑重心是什么，这一点很重要。

多年以前，美国挑战者号航天飞机升空时发生了爆炸，所有在现场的人都意识到这是一个要载入史册的历史性事件，纷纷举起相机来记录这一刻。但是，只有一个人的相片得到了最广泛的传播与最高的专业承认，那个美联社的记者将镜头对准了身边那一张张惊愕、痛苦、茫然的面孔。为什么？其他人的照片最多也就是记录了一个事件，而美联社记者的照片却记录了一个事件对人、对人的情感状态猛烈撞击所造成的活生生的动人心魄的景象；别人的表达逻辑是以物为本，而美联社记者的逻辑是以人为本的，人才是这个世界的主角。

如何进入人们的选择半径，形成吸引力，形成魅力？必须以人为中心，去叙述一个产品、一个政策、一个形象、一个事件，没有这一点就没有吸引力。在互联网时代，价值再高，也要学会用接地气的方式表达，表达当中一定要有人的温度，人的情感。没有这种东西，传播哪怕声震八方，哪怕动用了各种媒介，到最后还是差了人际传播的最后那一公里，也是白费。传播时，要讲道理，更要讲感情。今天的人们靠什么去认同一个道理呢？首先会从情感上、关系上进行辨别。关系判断就成了今天社会沟通、社会引导、社会认同最为重要的前提性判断。如果是志同道合的朋友关系，你说的话我就能听得进去，就能认真对待；如果你是狼，我是羊，我们是两条轨道上跑的车，彼此之间有什么交集呢，完全不可能的。

毛泽东曾经说过什么是政治，政治就是争取人心的事情，就是用文化的力量尽力把人们争取到自己的身边来，不是用拳头对舌头，不是用一种威胁的手段，而是用文化的感召力让他们心悦诚服地走到你的身边。什么叫做政治正确？就是永远与大多数人站到一起。因此，今天我们首先要解决的问题，并非逻辑、道理，而是情感、立场的问题，要找到情感的共振点。只有情感认同了，你说的话才能入耳、入脑、入心；只有这个问题解决了，才能赢得人们的认同，心往一处想，劲往一处使。

因此，新技术平台的多元使得网络社群依靠自己所依附的技术平台表达各种不同的社会意见，无论公共利益事件还是民生领域事件都有多样的社会表达和意见，使得传统的舆论引导能力的考察必须从简单地对一种意见的引导转向多个社会意见之间达成社会共识的能力，舆论引导不能追求单向度的自我表达和卡拉OK式的"自嗨"，不能一味地强调"抢夺"网络舆论阵地和舆论主导权的麦克风，舆论引导应强调引导、讨论、协商的能力，而不能继续维持自媒体出现之前依靠网评员的数量优势来夺取舆论主导权。如何实现这点，可以考虑从三个方面入手。

首先，为社会舆论提供有针对性的事实。当危机发生时，信息超载会让受众出现心理与情绪躁动。但任何意见都是建立在事实之上的，有什么样的事实基础，就有什么样意见的构建。因此在互联网时代，或者说社交媒体的时代，要更理性、更柔性、更富有建设性地提供事实，尽可能在第一时间利用自己信息的优势为社会提供一个关于危机的全景式的完整叙述文本，有针对性地补证社会舆论所缺失的那部分事实。你只知其一，那么我告诉你之二、之三；你只看到了冰山一角，那么我把冰山之下的十分之九跟它之间的关键联系，用一种客观、全面、准确的方式呈现出来。为让社会舆论以一种更好的方式接受，常常可以借助于有影响力、有公信力的第三方来提供相关的事实。

序：社交媒体时代我们如何进行有效的话语表达

其次，事实是事实，但我们从哪个角度来说，先说什么，后说什么，什么说得多，什么说得少，把一个问题放在什么框架里面去叙述？这从传播学角度来说，就是选择性控制、角度控制、逻辑控制、比例控制、框架控制，所有的控制无一例外地暗含着你对这个问题的判别标准、尺度，而这些都暗含在你提供的文本构造当中。当人们接受了文本当中的事实时，就会不自觉地按照你所提供的标准、逻辑、尺度与框架去把握与认知问题与危机。一个危机管理者最大的任务是什么？就是为整个社会对一个关键性事实的理解，进行一种定向性的把握，找到一个角度、一个逻辑、一个解释，对社会的利益最大化，两利相权取其重，两害相权取其轻，同时最能为大多数人所接受。这就是危机传播的诉求点，我们要善用这种方式来影响与引导舆论。

再次，善用情绪启动。如今，在不同的利益集团、不同的社会圈子里找到社会共识，无论对中国还是西方的发达社会来说，都显得越来越困难。理性的诉求方面很难找到大家的共同点，但是人们的基本情感、七情六欲相对来说还是比较容易找到共同点的。在情感浸润、关系认同的情况下，哪怕彼此的差异很大，人们也会形成一种相向而行的态势，这对于理性认同可以营造良好的社会氛围。所以，情绪启动就是利用一些有情境感染力的细节，把它加以放大，构造出一个话语场的基本背景，这是一种有感染力、可以让人们相向而行、具有凝聚力的社会构造，也就是先有一个良好的氛围，再来谈具体的事，这样就比较好谈。否则，社会谈判的成本很高，达成共识却根本不可能。

李彪的《直击人心：社交媒体时代新闻发布与媒体关系管理》一书对日常的媒体关系管理及危机时的舆情应对进行了针对性分析，并提出切实可行的对策，回答了方法论意义的实务操作问题，是作者多年舆情研究的心得体会，对政府部门、企事业单位的声誉管理与危机应对都具有操作手册式的指导意义。

以上，是为序。

喻国明

教育部长江学者特聘教授

中国人民大学新闻与社会发展研究中心主任

第一章 社交媒体时代"声誉"成为易碎品

第一节 案例导入：中央电视台的社会声誉变化 / 003

第二节 当前社会舆情发展态势和基本特点 / 004

第三节 社交媒体时代：形象成为易碎品——塔西佗陷阱 / 029

第四节 刻舟求剑式的新闻发布机制不符合时代要求 / 031

第二章 社交媒体时代的新闻发布与新闻发言人

第一节 关系传播和情感传播成为社交媒体时代的主流 / 039

第二节 社交媒体时代新闻发言人的新变化 / 044

第三节 新闻发言人不是一个人，而是一种制度 / 052

第三章 社交媒体时代的媒体关系管理至关重要

第一节 案例导入：僵尸肉和蛆柑 / 055

第二节 社交媒体时代：生于媒体，死于媒体 / 057

第三节 媒体为什么爱曝光 / 063

第四节　媒体关系的观念误区 / 073
第五节　必须客观了解记者职业 / 075

第四章　社交媒体时代的日常媒体关系管理

第一节　案例导入：浙江镇干部"推记者进水塘" / 079
第二节　日常工作新闻点的选择 / 081
第三节　新闻通稿的基本写作要领 / 089
第四节　接受不同场合采访的注意点 / 099
第五节　日常获取网络舆情的方法 / 106

第五章　新闻发布会的准备与组织

第一节　案例导入：天津"8·12"爆炸事件 / 123
第二节　新闻发布会的流程及步骤 / 125
第三节　新闻发布的轻重缓急 / 130
第四节　新闻发布会的机制保障 / 135
第五节　新闻发布会的话语修辞与应对 / 137

第六章　社会危机时的媒体关系管理

第一节　案例导入：余杭垃圾焚烧厂事件 / 149
第二节　社交媒体时代危机时的媒体状态 / 152
第三节　危机中媒体关系处理的步骤 / 154
第四节　危机时媒体关系处理的心理技巧 / 164

目 录

第五节 危机发生时媒体应对的表达技巧 / 167
第六节 灾难性事故的新闻发布 / 174
第七节 危机时媒体关系管理的机制保障建设 / 175
第八节 新闻发言人制度需要"顶层设计" / 182

附录 新闻发布相关实用手册

第一节 媒体应对技巧小便笺 / 195
第二节 企业新闻发布操作手册 / 198

第一章

社交媒体时代"声誉"成为易碎品

第一章
社交媒体时代"声誉"成为易碎品

第一节 案例导入:中央电视台的社会声誉变化

一、案例一:"大概8点20发"事件

2013年央视3·15晚会在北京举行,主题为"我的权益我做主"。晚会上,苹果公司在华售后政策存歧视、大众汽车DSG变速箱故障、安卓手机软件盗取用户信息等问题被曝光,引来了无数网友的热议,其中不乏加"V"认证用户。其中,引爆网络热词"大概8点20发"的,是著名影星何润东的一篇微博,微博称"苹果竟然在售后玩这么多花样?作为'果粉'很受伤。你们这样做对得起乔帮主吗?对得起那些卖了肾的少年吗?果然是店大欺客么。大概8点20发。"

无独有偶,当晚网络红人"留几手"、作家郑渊洁等名人也纷纷以"#315在行动#"为标签在微博上发表"攻击"苹果的言论。事发后,何润东立即删除微博并称微博账号被盗,但这更加激起"托"声四起。各种猜疑甚嚣尘上,个别网民对央视的做法表达了不满,使央视的整体声誉受到了一定的影响。

二、案例二：央视报道"东莞扫黄"事件

2014年2月9日央视《新闻直播间》《焦点访谈》等多个栏目播出了暗访东莞色情业的节目——《管不住的"莞式服务"》，曝光东莞的诸多涉黄活动：KTV里跳艳舞，色情服务明目张胆；酒店"选秀"实为卖淫；五星级酒店"裸舞选秀"，小姐明码标价；20多项色情"莞式服务"成特色；等等。报道一经播出立刻引起轩然大波，东莞当地出动大批警力，对全市桑拿、酒店及娱乐场所进行统一突击清查。然而就在东莞当地警方极力查处这些涉黄场所的同时，在网络上也掀起了一股奇怪的舆论大潮，诸如"东莞挺住、东莞加油""央视无情、人间有情""今夜我们都是东莞人"等声音不绝于耳。之所以出现这样的声音，除了一部分网络看客的调侃逗乐心理外，还有网友质疑央视的报道方式，一时间"女权说""欺压弱势群体"等言论也甚嚣尘上。其实这种"凡是央视支持的就反对，凡是央视反对的就支持"的现象早就存在，一定程度上说明社交媒体时代，任何组织和个人的一言一行都要在网络上被关注、被审问，如果网民发现有任何一丁点的问题，就会启动刻板印象和"放大镜"进行审视，直到把对方"击倒"为止。

第二节　当前社会舆情发展态势和基本特点

德国社会学家伊丽莎白·诺尔·诺依曼提出了著名的"舆论是社会的皮肤"的观点，而当下网络舆情已然成为社会舆情的"晴雨表"和"方向标"，其发展态势直接影响着社会舆情的整体走向。因此研究当下网络舆

第一章
社交媒体时代"声誉"成为易碎品

情的发展态势对创新社会管理、把握网络思潮、加强网络舆情的分析和引导机制建设等都具有重要的价值和意义。

一、当前社会舆情发展的特点

（一）舆情关注事实：泛政治化舆情与国际议题明显

当前网络舆情关注的事件比较多，涉及的领域比较广泛，公权力部门依然是最为集中的领域，如反腐倡廉、司法案件、公共政策等，与以往基本上没有太大的差异，但关注事实层面有了新的变化。

1. 泛政治化舆情事件增多

相较于以往，近年来泛政治化舆情事件增多，网络意识形态纷争现象加剧。2015年4月初，央视著名主持人毕福剑在饭桌上唱评《智取威虎山》的视频流出，边唱边戏谑，对毛泽东使用了羞辱性词汇，引起了网民的关注与热议；同月加多宝官方微博涉嫌侮辱邱少云事件，引起了大家对网络底线的思考；7月山东文登发生17岁"爱国青年"侯聚森被围殴的事件，引起了网络上关于爱国与"自干五"等问题的争论，甚至引发了公安、公知、共青团三方网络论战；9月网络大V任志强在微博上发表了《"我们是共产主义接班人"？》吐露自己对共产主义的不信任感，引起了政务微博、网络大V、网民对"共产主义接班人"的争论；10月潘石屹发布的"麻省理工学院一位教授告诉我，现在资助中国留学生的钱，是当年庚子赔款的钱"微博引起了福建共青团组织官方微博的驳斥，称其"拿着国耻，谢恩典"，再次引起了网络意识形态的纷争。

近年，泛政治化事件发生的频度和数量较以往有所增加，凸显出随着网络舆论场从微博转向微信，微信促进了多元的网络社群崛起，网络社群的活跃并没有凝聚社会共识，反而让网民在各自的社群中强化群体认同，"茧房"效应（民众关注的都是自己本社群的信息，反而忽略整个社会层面的信息）加剧，社会认同和社会共识更加困难；二是主流意识形态离网络共识尚有一定的距离，随着"大众麦克风时代"来临，未来这种意识形态纷争和泛政治化事件还会层出不穷。

2. 国际议题在舆论场声量增强

近年有以下议题引起了网民关注：一是地域纷争，如叙利亚国内危机引发的一系列难民潮、乌克兰危机中俄罗斯与北约暗战；二是全球性的公共卫生事件，如2015年5月爆发的中东呼吸综合征病毒，波及中东、韩国和中国等地区；三是国际经济议题，如中国力推的"一带一路"和亚投行等战略以及跨太平洋伙伴关系协定（TPP，Trans-Pacific Partnership Agreement）的签订；四是习近平主席的系列国际活动，2016年，习近平主席五度出访走过十余个国家，尽显大国外交风采。

国际议题成为我国舆论场的热点议题，主要是以下原因：一是全球经济衰退造成政治议题上升为重要议题；二是民族主义思潮依然是重要的网络思潮，未来如何引导与平衡爱国热情和民族主义情绪是重要的社会治理议题；三是国内经济形势不容乐观，国际议题的被关注程度自然上升。

3. 民生类突发舆情大幅增加

近年涉及民生的突发舆情事件呈现大幅增加的态势，民生话题领域很广，涉及环保、医疗、教育、安全生产和食品安全等各个领域，青岛天价虾事件

第一章
社交媒体时代"声誉"成为易碎品

引发公众对旅游城市物价等问题的热议,王宝强家人被车撞死事件中公众感慨基层社会民众的生活境况,魏则西事件凸显的是医疗体制缺陷问题……这些事件背后是公众对改善民生问题的关注与期许,但这种期许很大程度上并未有效转化为解决动力,未来随着公众对反腐倡廉行动的关注度下降,加上国内经济形势的严峻,社会民生类突发舆情会持续高企。

4."衍生舆情"是当前舆情的鲜明特征

衍生舆情现象用比较通俗的说法就是"拔起萝卜带起泥"。从较早的张家川事件,到2015年5月庆安车站的一声枪响,引发了整个庆安官场大地震:代表省市领导慰问案件中受伤民警的庆安县委常委、副县长董国生因户籍年龄、学历造假以及妻子"吃空饷"等问题被停职;县检察院检察长魏鹏飞被人举报上任以来超标违规使用公车并悬挂假军牌和假牌照;庆安县公安局副局长兼交警大队长王向阳被举报涉嫌玩忽职守、徇私枉法和滥用职权。近几年由于自媒体的发展,一旦一个地方发生舆情危机,整个地区尤其是公权力部门都会被置于网络围观的审视之中,进而引发次生性舆情事件。

衍生舆情有两种基本模式:一是主舆情与衍生舆情毫无关系,如上面的庆安枪击事件;二是衍生舆情是主舆情的衍生品,如天津8·12特大爆炸事件中,由于天津官方与交通部之间迟迟达不成发布主体的共识,加上天津官方的舆情应对不力,每场新闻发布会召开后都引起公众的进一步质疑,这些衍生舆情都是紧紧围绕主舆情展开的。

(1)衍生舆情出现原因

衍生舆情大量出现的原因,除了媒介技术的迅速发展创造了适宜传播的环境之外,还包括各种内在要素的共同作用。

社会基模与集体记忆是深层要素。衍生舆情的出现大都具有其深刻的社会基础：从现实来看，是借助社会基模搭车达成了社会共识；而从历史来看，集体记忆为衍生舆情提供了合法化依据。

社会基模是人们用于认知和处理信息的一种具有社会普遍性的知识结构，能够将输入的信息整合进一个具有特定意义的框架之中。社会基模的存在使人们对于某些议题存在惯性的认知和判断，不同利益群体更是存在特定的认知方式，从而使衍生舆情出现并朝着特定方向发展。就涉及政府公职人员的舆情而言，若公众将政府置于自身的对立面，就会习惯性地认为公职人员一定"为官不仁"，从而开始主动收集公职人员权力滥用、生活作风等方面的材料，以形成一种抗争性力量。这种抗争性力量的壮大需要大量证据对所谓的"事实"加以佐证，而论证的主要内容就是与公职人员直接或间接相关的贪腐问题等。一般来说，直接相关的论证路径往往导致次生舆情出现，如延安特大交通事故中杨达才似乎面带微笑的表情激活了"微笑局长"的次生舆情，之后又出现了"表哥""万元皮带"等次生舆情。而间接相关的论证依据固有的负面认知方式，通过揭露政法系统、商业系统的问题，"连坐"式地进行抗争。这为"搭车舆情"提供了滋生土壤。其与原生舆情共同作用，使行为人实现自我利益。如庆安枪击案中出现的当地相关部门贪腐问题的"舆情搭车"现象。在涉及与普通民众存在社会地位落差的商业精英、演艺名人等的舆情事件中，这种偏向性社会基模同样会导致此类舆情的大量衍生。

集体记忆和社会基模是紧密相联的，集体记忆对社会舆情的形成具有深远的基础性影响。勒莫以昆虫变态过程为隐喻，分析了集体记忆对谣言形成的作用。他认为，集体记忆的积淀形成符号学所谓的"神话"。"神话"与现实和个人记忆勾连，使人们对事件产生想象性认知，从而出现基

第一章
社交媒体时代"声誉"成为易碎品

于原事件的谣言。而康纳顿认为,我们对于现实的认知大多取决于集体记忆,而集体记忆通常服务于现存社会秩序的合法化。因此,集体记忆不仅影响着人们的社会认知模式,也为人们的观点表达提供了合法化资源。事件的发生往往会唤起人们对于近似历史事件的集体记忆。这些集体记忆与当下事件勾连,被人们再次提及和讨论,其中蕴含的动员能力与当下事件相呼应,从而衍生出"搭车舆情"和次生舆情。在社交媒体时代,精英群体不再是塑造和控制集体记忆的主导性力量,各类事件逐步融入不同群体的记忆之中。这些群体的解读方式和记忆选择方式各不相同,集体记忆出现了部落化状态。这种部落化虽然加剧了衍生舆情的数量和复杂程度,但集体记忆作为一种利益抗争工具,其催生出的衍生舆情终究会与群体特征有关。

利益诉求、事件延展性及信息不对称是现实要素。在共同社会基础之下,并不是所有事件都能产生衍生舆情,舆情的衍生必须以现实基础为释放点。本书认为,利益诉求、事件延展性及信息不对称是衍生舆情出现的三个关键现实要素。

利益诉求既是大众社会参与的出发点,也是催生衍生舆情乃至原生舆情的原动力。当前我国利益主体日益多元,利益分配不均,国家制度供给与民众利益需求存在一定差距。在社交媒体时代,利益共同体通过网络得以广泛联系,参与效能极高,舆情事件的出现为其提供了利益博弈的机会。所谓的"利益诉求"主要包含三种类型:心理代偿、公共利益、切实收益,前二者是普通民众参与议题表达的最普遍原因。心理代偿主要是民众因自身利益落差而产生的"仇富仇官"等敌视心态,通过打压敌对者获得自我满足。而公共利益则是民众为争取和维护公共利益而形成一种共同信念。它促使民众在舆情出现时采取人肉搜索、揭黑爆料等方式,形成抗争性力量，催生和利用衍生舆情，如天津港爆炸事件中对于瑞海国际物流公司的背景和"官二代"董事长的热议。切实收益是指通过"搭车舆情"使自身获益。目前，除了普通民众利用舆情事件催生"搭车舆情"以实现自身利益外，越来越多的企业组织也开始利用舆情事件催生与自身有关的衍生舆情，将操纵衍生舆情作为"事件营销"或者"危机公关"的公关策略之一，如2011年北京暴雨事件中杜蕾斯发起的鞋套营销，又如2014年美团网谋划上市时，大众点评网、糯米网等竞争对手联合媒体散播美团网内部争斗、财务黑幕等消息，催生负面衍生舆情等。

事件延展性包括事件本身发展的延展性和事件类型的延展性。事件本身发展越复杂，衍生舆情，尤其是次生舆情越容易出现。复杂的涉事主体和事件情节必然导致社会关系和社会角色的相互勾连，唐慧案中涉事主体众多，事件情节复杂且富有戏剧性，出现了对唐慧个人行为的争论、其女乐乐精神状况的争论、被告家族背景的揭露等诸多次生舆情。而事件类型的延展性是指从事件抽象出普遍性问题的可能性。社会舆情所讨论的问题常常关涉公共利益的宏大主题，具体事件到宏大主题的过渡是经过民众抽象化处理的。不同的利益群体通过对具体事件中问题与宏大主题的关联，参与社会话语争夺。按照福柯的知识/话语—权力观，知识与话语互为表里，知识/话语与权力相互构建，通过话语参与社会关系的构建过程实际上就是社会权力的争夺过程。不同利益群体为了维护群体权益，参与话语争夺、对议题进行扩展、催生衍生舆情是极为常见的话语策略。同样是在唐慧案中，废除劳教制度、改革上访制度、废除嫖宿幼女罪等次生舆情和"搭车舆情"大量出现。这无一不是社会利益群体从唐慧案中延展出的议题，是在利用唐慧案进行权力的争夺和博弈。

信息不对称不是衍生舆情出现的充要条件，却大大增加了衍生舆情出

第一章
社交媒体时代"声誉"成为易碎品

现的可能性。信息不对称主要是指信息的封锁和信息的失真。这为流言的出现提供了"温床",而流言的广泛传播将促使舆情快速衍生。公共事件必然涉及政府部门,而政府部门的运作出于种种原因,往往处于不完全透明的状态。面对公众的追问,若政府封锁关键信息,迫使公众不得不通过其他渠道了解事件情况,不仅会造成信息的"真空"地带,久而久之,更易导致公众对政府的不信任,使政府陷入"塔西佗陷阱"之中。而一些媒体为追求时效性或囿于专业能力,使信息传播过程中出现扭曲、丢失、噪声等信息失真情况,在社交媒体时代更易导致流言四起。在天津港爆炸案中,政府部门对于损失情况、爆炸原因、污染危害等信息的不公开或不及时公开衍生出民众对官商利益关系、生存环境质量等相关舆情的争论,媒体对于信息的把关不严也促使海产品安全问题舆情的出现。

(2)衍生舆情的传播机制及特点

在社交媒体时代,衍生舆情的传播机制实际上与原生舆情的传播机制近似,但衍生舆情具有更多的被操纵的色彩。在舆情形成阶段,原生舆情基于现实存在的即时事实,通常有媒体报道和网民爆料两个源头,即其源于传统媒体和社交媒体的自发呈现。传统媒体报道经由社交媒体进入人际关系渠道,扩大影响力;或者社交媒体爆料在自身传播达到一定程度后,诱导传统媒体跟进,对信息进行主流化和权威化背书,最终形成两类媒体的争鸣局面,使事件进入社会议程,影响扩及整个社会。而衍生舆情基于原生舆情出现,不一定以即时事实为依据,尤其是从事件本身抽象出关涉宏大主题的次生舆情和蛰伏已久的"搭车舆情",往往是通过勾连过往事件进入社会舆情的讨论之中的。衍生舆情的形成也不一定源于传统媒体和社交媒体的自发呈现。正如上文所述,大量的利益群体开始利用舆情的形成特点进行所谓的"议程设置"。这些利益群体有意识地寻找对自身有利的子议题，通过与网络意见领袖、传统媒体、网络水军合谋，将子议题凸显出来，促使自己进行利益表达的机会和渠道的出现，并经过短时间、大规模的信息传播，使社会舆情演化出自身所希望的衍生舆情。在传播阶段，衍生舆情与原生舆情的传播机制几乎无异，只不过由于部分衍生舆情缺少即时事实的支撑，在勾连集体记忆时，行为人不得不对过往事件进行更为符号化和象征化的加工。

虽然衍生舆情源于原生舆情，但这并不代表衍生舆情一定受限于原生舆情。事实上，衍生舆情在出现之后，与原生舆情之间、其他衍生舆情之间形成一种竞争和取代的关系。整个社会的注意力资源有限，限制了进入社会舆情讨论的舆情事件的数量，衍生舆情的出现必然导致议题之间的竞争加剧。一方面，衍生舆情之间的竞争最初是在原生舆情所吸引的社会注意力之间的。若几项衍生舆情力量近似，又难以聚集更多的社会注意力，它们往往就会随着原生舆情的结束而逐步结束。如唐慧案中关于废除劳教制度、改革上访制度、废除嫖宿幼女罪的衍生舆情的讨论相对分散，本身又与唐慧案的影响力相匹敌，只能附庸原生舆情一同兴起和消亡。即使它们力量对比不均，也只存在消亡先后的问题，而无法代替和延续原生舆情。在此情况下，衍生舆情往往表现出持续时间短、影响力弱的特征。另一方面，若几项衍生舆情能够聚集更多的社会注意力，它们就会与原生舆情展开竞争，并逐步取代原生舆情，且不论最初力量如何，经过社会的舆情讨论，其终将形成一个新的主要舆情。这一主要舆情为事件吸引了新的注意力，并有可能再次衍生出新的舆情，继而展开竞争。值得注意的是，衍生舆情的力量源于其所代表的利益群体的社会资源动员能力和该能力与社会基础的契合程度。一旦衍生舆情取代原生舆情，原有的利益群体的竞争将会演化为整个社会利益群体的博弈。

第一章
社交媒体时代"声誉"成为易碎品

5. "搭便车舆情"和"反转舆情"现象突出

搭便车现象本来是经济学中的专属名词,而随着网络舆情的不断发展出现了舆情搭便车现象,网民通过将主舆情与之前发生的舆情事件进行有效勾连,通过贴标签、借代等手法进行类比,强化主舆情与之前发生舆情之间的勾连,如青岛天价虾事件出现后,各地一旦出现旅游城市或景点物价事件都和青岛天价虾事件进行勾连联想,如后来10月份爆料宁波海鲜市场1只青蟹绑31米绳,绳重超20%,立马被网民冠以"天价蟹"的标签,再次引起了网民的热议,这种现象就属于搭便车舆情的典型,以往的舆情事件会作为刻板印象内化到网民自身的认知框架,一旦一个事件与之前的事件类似,立马启动固有刻板印象,造成舆情的啸聚。

舆情反转现象是近年比较常见的舆情现象,在许多舆情事件中,出现舆情急剧反转。2015年6月就发生了"成都女司机遭暴打""庆安枪击事件""上海小学生为老师撑伞""大连男子开房就被抓"等多起舆情反转事件,尤其是"成都女司机遭暴打"事件中,社会舆论由开始的谴责男子暴力,转为指责女司机违规变道,进而引发"路怒症"以及文明驾驶的社会深思;9月又发生了"淮南女大学生扶老太太"舆情反转事件,由最初一致谴责老太太讹人,到后来指责女大学生撒谎的舆情反转再次引起民众关注。舆情反转现象层出不穷主要是由以下原因造成的:一是事件真相是一个过程而不是一蹴而就的节点,正如马克思所说,"论证了报道某一具体事件的全过程,这个过程表现为整个报刊的有机的运动";二是网络虚拟社会中各阶层之间的刻板印象已经形成,网民下意识地以以往舆情事件作为类别联想,带着先入为主的有色眼镜来审视新发事件,这从侧面也体现了社会族群之间的断裂;三是网络虚拟社会的理性因素和网民素养有待进一步提升。

直击人心：社交媒体时代新闻发布与媒体关系管理

"反转舆情"中尤其是需要注意背后的"标签化"过程。标签化，是指一种自发的认识归类方式，将某一个事件或某个人物自发地归为一类事件或一类人物。当一个人或一件物品被贴上"标签"的时候，就说明其已经从周围环境中剥离开来，冠之以名的是"标签"下的大众认知。因此，传者的一个重要任务就是重新定义"标签"，使那些被贴标签的人或事物变得迎合受众的认知。而在这个定义过程中，"标签"就成了一种带有意识形态权力的符号，最终影响受众将以何种态度接受符号背后的群体形象。

从这个角度看，"标签"本身就不是一个价值无涉的中立客观概念。20世纪50年代美国社会学家莱默特（Edwin M. Lement）和贝克尔（Howard Becker）将"标签"概念引入社会学领域而发展成的"标签理论"中就指出："一个人有了'初级越轨'之后，周围的人就会以贴标签的形式描述、解释行为人曾经的所作所为，并对行为人及其行为进行定义或标定，将其贴上社会减等标签。"随后，社会学家戈夫曼（Goffman）又提出了"污名"概念，认为"污名"即被冠以"受损的身份"，将"污名"归类于社会歧视标签，标签的负向控制功能越发受到重视。

在传统媒体时代，"贴标签"往往与大众传播媒体的报道框架相关，"标签化"往往是框架理论中的一部分。而在互联网时代，信息的生产主体不再集中于传统大众媒体，广大网络草根用户也参与到信息生产和意义建构之中，"标签化"的现象也就更为普遍化，不仅是热点事件本身被"贴了标签"，事件的主角往往更易于被贴上具有思维定式、刻板成见的标签，且常常被扩大成特定的群体标签。在人人拥有麦克风、个个皆是通讯社的网络场域中，通过"贴标签"表达对社会事件及人物的认知和态度，已成为普遍适用的传播方式。

第一章
社交媒体时代"声誉"成为易碎品

表 1 反转舆情事件中的"标签化"现象梳理

反转舆情事件(年份)	标签化过程	
	前期	后期
医生手术台自拍事件(2014)	失德的医生	无良炒作的媒体
湖南湘潭产妇死亡事件(2014)	无德的医生	医闹的患者
大陆男童香港街头撒尿(2014)	丢脸的大陆客	虚伪的"港灿"
台湾餐厅陆童当众撒尿(2014)	丢脸的大陆客	自我优越的台湾人
200余村民联名驱离8岁艾滋男童(2014)	冷漠歧视的村民	无良炒作的"妓者"
唐慧案(2014)	腐败的司法机关	缠访、闹访
厦大校长被副教授炮轰"食堂耍特权"(2014)	滥用权力的"当官的"	心术不正的"叫兽"
成都男司机暴打女司机(2015)	"打女人"的路怒男	"路霸"女司机
云南女导游骂游客(2015)	黑心宰客的导游	贪便宜活该受罪的游客
黑龙江庆安袭警事件(2015)	滥用职权的民警	疯狂的暴徒
安徽女大学生称扶老人被讹(2015)	碰瓷的"坏"老人	推诿责任的肇事人
中国老人东京被撞被传"碰瓷"(2015)	碰瓷的中国老人、丢脸的大陆客	颠倒是非的"妓者"和黑心的"小日本"
杭州高三女孩被哈佛录取(2015)	励志的高中生	美籍的"富二代"
江苏一老人被儿媳妇拖行回家(2015)	令人发指的施虐者	孝顺痴呆婆婆的儿媳妇

综观这14例典型反转舆情事例,前期的"标签化"阶段存在普遍的从个体泛化到某一群体的特征,将个别对象"标签化"为一个既有的污名群体,如"整体医德败坏的医生群体""热衷炒作无事生非的记者群体""腐败黑暗的公权力机关或官员"等,既加深了既有污名群体的刻板印象,又使事件中的舆论对象的特殊性被忽视,网络受众没有试图更详细

地了解具体事件就凭借"标签"的既有印象表达既有的情感态度，以至于这样的舆情随时可能根据新的细节披露而摇摆，进入后期的反转舆情"再标签化"阶段。在反转舆情之后，前期一直处在被赞美位置的对象反而成为被污名的对象，前期被污名的对象反倒得到了同情理解而洗刷"冤屈"。无论是"前标签"还是"后标签"，网民的"标签化"行为体现出来的都是鲜明的"二元对立"思维特征，非此即彼，非对即错，单一归因，显得"爱憎分明"的样子。可是网民往往轻判了事件的复杂性，事件发展到最后常常难以完全归责于一方，"后标签"依然没有走出简单的二元对立的狭窄视角。

"基模"（schemas）是一种认知结构，它代表着某个特定概念或刺激的有组织的知识，代表着一种先入为主的、自上而下的过程，描述了我们头脑中已有知识对当前信息处理过程的影响（Susan T.Fiske & Shelley E.Taylor，1991）。一般而言，基模在我们的认知过程中会影响我们对信息的编码，对旧信息的记忆，推断缺失的记忆。"标签"其实就是一种既有的认知基模，包括"医生""患者""司机"这类标签下的角色基模，也包括对于舆情事件的性质判断这类标签下的事件基模等。

在现实中，我们往往难以获得关于某个事物的所有信息，却必须要在很短时间内做出判断，就会经常根据基模来推断缺失的信息，用既有标签来分类和表达。当我们对一个群体了解越少时，就越容易用刻板印象来看待这个群体中的成员，认为他们都是一样的，容易产生负面印象；而对一个群体了解得越多，则越容易区分他们当中的不同个体，容易产生正面印象。在新媒体时代，网民面临的往往是破碎不全的信息，越是不完整的模糊的新闻，越是容易直接"标签化"；同时网民也没有能力充分了解各行各业，尤其诸如医生、法官之类的职业专业性越高，了解的程度也就越低，

第一章
社交媒体时代"声誉"成为易碎品

进一步加剧了"标签化"中的刻板印象。以"湖南湘潭产妇死亡事件"为例，除了医学专业的学生以外，大部分网民并不了解"羊水栓塞"这个专业医学现象，也没有主动去了解事件背后的前因后果，仅凭借事件初期披露的照片和文字描述，也就在舆情初期一边倒地陷入"无德医者"的标签陷阱之中。即便到了后期有医学专家出来解释病情原因，真正促使舆情转向的还是事件全貌的后续披露，也就是患者"医闹"的证据摆出来后，"标签化"行为转向了医闹群体，舆论才真正完成了转向，"医闹"的"坏"标签重新把医生推回到"无奈""受欺负""保护自我"的"好"标签中，是患者的污名化洗刷了医生的"冤屈"，网民普遍处于二元对立的简单认知基模中。

互文性理论是文化研究中的常用理论之一，它由保加利亚裔法国女学者朱丽娅·克里斯蒂娃（Julia Kristeva）正式提出，认为任何文本都不是作者独创的，其所包含的意义也都不是孤立的，文本里会有其他文本的影子，能在一定的程度上反映出在它之前或之后文本对其意义建构的影响。这些对现文本产生影响的文本又可分为历时文本和共时文本，在广义的互文性理论运用中，历时文本可看作时间纵轴上的前文本，诸如已有的早期报道；共时文本可视为空间横轴上的竞争文本，诸如舆情事件中的网民共同参与信息生产或补充及意义建构。"标签化"更多反映的就是历时文本对现文本的影响。

以舆情反转中频发的"扶老人"类型为例，之所以在"安徽女大学生称扶老人被讹"和"中国老人东京被撞被传'碰瓷'"事件中首先被舆论怀疑攻击的都是摔倒的老人，就是因为自从"南京彭宇案"后多次出现有关老人碰瓷的媒体报道，形成了强大的历时文本，以至于这些历时文本直接凝练成"碰瓷老人"这一标签，一旦发生老人摔倒的事件，网民第一反应的永远是给老人贴上这一标签，而后续跟进的网民看见这一标签也马上"心领神会"不假思索地参与到鞭笞之中。然而每个文本始终有每个文本的特殊性，每个事件也有每个事件的细节，"标签化"下的舆情也就变得根基不稳，随时可能随着"剧情"文本反转。

（二）舆情主体：新意见阶层崛起，主体更加多元

1. 网民公共议题设置能力增强

随着微博用户互动意愿的减弱，尤其是网络大V的活跃度在不断下降，个别草根网民借助一定的事件迅速成为网络关注焦点人物，改变了以往网络大V呼风唤雨的垄断局面。如2015年9月3日阅兵当日，一个草根微博账号"@周顾北的周"发布的"#9·3胜利日大阅兵#这盛世，如你所愿"的微博。配图则是周恩来总理的一张黑白照片，这条微博截至9月3日晚上8点，转发量达93万，评论、点赞量达79万，粉丝数增至2.9万，成为微博上线以来草根账号发出的互动量最大的博文之一，新浪微博账号公开的信息显示，该草根账号的博主性别为女，身份是"华南农业大学动物科学学院学生"，注册新浪微博时间为2013年11月23日，短短两年的一个新人，发出的微博引起了如此大的关注，这在网络大V主导微博话语场时是无法想到的。

草根微博账号的异军突起，主要有以下几个原因：一是微博网络大V纷纷"转场"或转变话语表达方式，为微博的网络话语场造成了"权力真空"，微博整个话语权力格局发生了重大转变；二是草根微博善于借势传播，再加上新浪微博基于弘扬正能量的政治需要，使得这种"根正苗红"

第一章
社交媒体时代"声誉"成为易碎品

的正能量草根微博账号得以脱颖而出。

2. 从网络大 V 到网络中 V 和网络小 V

2013 年展开的打击网络谣言专项行动以来，网络大 V 在社会话语表达中越来越成为污名化标签，并且实质上网络大 V 在整个社会舆论话语场的活跃度和影响力都出现了下降；而另一方面，专业类、行业类网络意见领袖异军突起，借助微信群等封闭性社交媒体平台，不断强化和形塑自身的影响力，形成了网络中 V 甚至是地域性网络小 V，这些新的意见阶层的出现一方面"对冲"了网络大 V 的传统社会影响力，使得整个社会的话语表达相对更加去中心化；另一方面网络中 V 和网络小 V 在各自的群体中巩固了内部的群体认同，但也容易造成社群和网络族群之间的隔阂和对立，未来会强化族群之间的刻板印象，因此，要警惕这种现象。

3. "业缘共同体"群体表现活跃

微信尤其是其中的微信群功能，使得整个社会基于血缘、地缘、学缘、业缘和趣缘等形成了大大小小嵌套在一起的网络社群，这些社群的互动增强了各个社群内部成员的内聚力，进而达到一呼百应的社会集群效应。借助网络虚拟社群，基于业缘的社会共同体开始出现并且一改以往在网络事件中沉默的做法，试图改变民众对这个群体的刻板印象。如警察、律师和医生等业缘群体。近年表现最为抢眼的业缘群体就是警察群体，从 2015 年 1 月发生深圳警察聚餐事件，再到 6 月白岩松在河北肃宁枪击案节目中称警察牺牲为"死亡"引起警察群体在微信群和网上公开表达对白岩松的不满，一定程度上表明这一职业群体开始借助虚拟社群完成聚集和社会表达。未来基于业缘的社会共同体会进一步啸聚，自发维护自身群体在网络上的形象，进而增强其内部成员之间的群体认同。

4. 政务自媒体尤其是共青团自媒体表现扎眼

近年来，由于政府加大对政务微博微信的支持力度，再加上开展打击网络谣言专项行动，网络大 V 甚至是媒体微博账号活跃度开始下降，根据中国人民大学舆论研究所的相关研究，在微博平台上，政务微博发布的微博总数在 2013 年 10 月 24 日首次超过加 V 个人用户，达到了数量上的规模优势。近年部分政务自媒体账号改变传统唯网络大 V 马首是瞻的一贯做法，主动"狙击"部分网络大 V。如关于信仰共产主义与否的问题，共青团中央与任志强微博上"撕起来了"；关于庚子赔款建校问题，潘石屹与福建共青团组织官方微博又"杠上了"；共青团山东省官微在公安部门拘留"爱国青年"侯聚森后，坚持发微博力挺侯聚森；袁立在微博做慈善帮助尘肺病人，崔永元转发微博并力挺，却遭到微博认证为"共青团陕西省商洛洛南县委书记"的恶评，随后共青团陕西省官方微博也跟随着"书记"的步伐开始声称"要抵制所谓的慈善活动这种网络谣言！"在这些事件中共青团系统官微上至团中央下至县团委书记，主动向网络名人开战，一定程度上凸显了共青团作为青年人较多的群众组织的思维变化。

（三）舆情传播平台："两微一端"接力传播，各显神通

从目前的舆情传播格局来看，网络舆情平台已经从 PC 端转移到移动互联网，这其中扮演重要的传播载体的是两微一端，即微博、微信、新闻客户端，尤其是两微，已然成为网络舆情信息第一落点和主要信息源，但

第一章
社交媒体时代"声誉"成为易碎品

从近年的网络舆情事件的发展来看,这三者又呈现不同的分工与合作,微博、微信舆论场属性渐趋精细化,展现出接力传播的格局。

1. 微博、微信舆论场属性渐趋细分化:微博向右,微信向左

微博和微信由于技术的底层架构不同,微博是典型的明星围观模式,微信则是基于即时通信技术基础上的网络社群模式。随着网络舆论场的自组织效应凸显,微博和微信的两个舆论场属性也有了进一步的细分和区隔:微博属于社交媒体,具有强媒体属性,扮演舆情前台的角色,因此在许多社会公共事件中适合进行各社会群体的观点交锋和对接;微信则是社交网络,具有强社交属性,扮演舆情后台的角色,更加适合进行小范围的群体性传播和单向度的隐匿传播。两者在重大舆情事件传播过程中各司其职、分工明确,如天津8·12爆炸事件发生后,谣言信息更倾向于在微信中传播,因为微信传播更加安全和获得社会信任;而因本事件造成的争议和观点交锋则主要出现在微博中,两者之间共振交织传播,促进了整个事件的舆情发酵,大大超过以往舆情事件的传递效率。

2. 新闻客户端打通舆情到社会话语场的"最后一公里"

微博、微信为社会制造话题和热点事件,但从网络虚拟舆论场到线下社会公共话语场之间还有一段距离,在其中扮演重要"二传手"角色的是新闻客户端。目前新闻客户端按其出身大致可以分为以下三类:门户系(腾讯、新浪、网易和凤凰等)、原生系(今日头条、一点资讯、Zaker等)和传统媒体系(澎湃、并度、九派、无界、封面、上游等)。从目前的市场份额来看,门户系依然主导整个新闻客户端市场。舆情事件在微博、微信等虚拟舆论场热议溢出到传统大众媒体,经过传统媒体的报道,被新闻客户端转载，才最终进入受众视野，获得注意力资源，从传播链条中可以看出，新闻客户端已经超过传统媒体，成为打通舆情到社会话语场的"最后一公里"。在这一最终环节，新闻客户端根据自身的编辑方针，对舆情信息重新进行二次编码，一定程度上会影响民众对舆情事件的看法，建构舆情事件在其心目中的形象，因此作用不亚于微博和微信。

3. 自媒体账号趋向活跃，成谣言放大器

随着传统媒体的生存压力剧增，传统媒体人越来越转向自媒体，创办自媒体账号，借助自身的专业优势和经验，日趋活跃；另外，个别企业为商业推广和病毒式营销，也开设了自媒体，在一些热点事件中希冀搭顺风车，借势营销，因此在许多网络事件中都可以看到自媒体账号，一些微信公众号为博取眼球，经常转发一些擦边、劲爆乃至谣言的信息，导致大量未经核实的信息被迅速传播，成为谣言的放大器。如2015年11月12日微信公众号"顶尖企业家思维"冒用王健林名义发布"王健林：淘宝不死，中国不富，活了电商，死了实体，日本孙正义坐收渔翁之利"的文章，经过朋友圈不断转发传播，阅读量较大，万达集团官网声明王健林从未发表过与此相关的任何言论，并向法院正式提起诉讼，起诉该公众号，索赔1000万元，并要求其公开赔礼道歉。未来，自媒体账号会日益活跃，有可能成为网络热点事件的重要节点，整个社会舆论场会越来越复杂多元。

（四）舆情流行风尚：萌化和戏谑化吐槽是主线

近年来网络流行风尚概括起来就是萌化和戏谑。需要注意的是，一些网络流行风尚尤其是网络流行语并不是新出现的，如"颜值""逗

第一章
社交媒体时代"声誉"成为易碎品

比""约吗""我想静静""小鲜肉""单身狗"等,体现了网络流行风尚的延续性。

1. 网络流行文化:从"我是你老子"到"吓死本宝宝了"

中国传统文化中喜欢自称老子,占别人的便宜,这种文化也浸入到互联网话语表达中,以往在互联网中经常出现"老子"的自我称呼,但近年网络文化风尚转型,出现了萌化趋势,即装嫩卖萌,自称"本宝宝",称别人为"小公举"。最为典型的例子是 2015 年暑假流行的头顶上"长豆芽"的时尚潮流,在古代头上插草被认为是卖身的意思,而现在则认为这样很萌,这种景观是网络卖萌文化延伸到线下引起民众模仿最典型的体现。网络文化风尚已经从"我是你老子"转变为"吓死本宝宝",卖萌文化和各类萌宠在互联网上大受欢迎,体现了近年网络流行文化风尚的转型。

2. 网络流行语:动态多元

近年网络流行语主要来源于娱乐话题和热点新闻,主要是"90 后"在主导着整个网络流行语的表达,如"然并卵"就来自于"90 后"经常上的 AB 站,一定程度上可以说"90 后"网民在为"80 后""70 后"和"60 后"等设置网络议题和流行风尚。从类型上看,"吐槽"类流行语热度最高,负面情绪表达为主,如"然并卵""什么鬼""也是醉了"出现在大量网帖和评论中,对话题的基本情感走向产生了负面影响。

近年出现了网络流行语的"语义迁移"的动态演化情况,以往的网络流行语在新的语境之下被演绎和借义,赋予新的内涵。另外,出现了一些表达社会正能量的流行语,如"世界这么大,我想去看看"的流行体现了大家对目前快节奏生活的反思;"且行且珍惜"的流行则体现了大家对生活现状的满足,与以往全部以负面情绪和吐槽为主的网络流行现象存在差异[①]。

网络流行风尚以萌化为主调,一定程度上符合社会学中人际吸引的增强情感理论(reinforcement-affect model of attraction),即当人们处于愉快的情绪时,伴随此场景出现的人也会让大家喜欢(Clore & Byrne,1974)[②],美国心理学家 Meredith L Bombar 和 Lawrence W Littig 在1996年就对目前网络语言中经常使用的"娃娃腔"(baby talk)进行了研究[③],发现成人之间使用"娃娃腔"能促进彼此之间的情感交流,有利于维护亲密关系,因此萌化流行的出现无疑迎合了互联网交往的需求和民众的娱乐心理,拉近了社会个体情感距离,在微信群的社会人际关系网中增进了人际吸引。

(五)舆情管理:细分化和法制化

1. 事无巨细监管模式初现端倪:从微信十条到账号十条

2014年8月网信办发布《即时通信工具公众信息服务发展管理暂行规定》,被称为微信十条,主要规定了微信公众号的相关内容发布和权限;2015年2月网信办发布《互联网用户账号名称管理规定》,就账号的名称、

[①] 郑满宁,"戏谑化":社会化媒体中草根话语方式的嬗变研究,中国人民大学学报,2013(5)

[②] Clore, G. L., & Byrne, D. (1974). A reinforcement-affect model of attraction. In T. L. Huston (Ed.), Foundations of interpersonal attraction (pp. 143–170). New York: Academic Press.

[③] ML Bombar, LAWRENCE W. LITTIG JR.Babytalk as a communication of intimate attachment: An initial study in adult romances and friendships.《Personal Relationships》, 1996, 3(2): 137–158.

第一章
社交媒体时代"声誉"成为易碎品

头像和简介等,对互联网企业、用户的服务和使用行为进行了规范,被称为账号十条,一些涉及淫秽、反动等名称的账号被要求整改,可以看出,对于网络舆情监管主要的管理逻辑是事无巨细,小到用户 ID 的命名,大到微信公共账号的日常运维,都进行详尽规定,这种监管模式未来会进一步延续。这种事无巨细的监管模式也体现在日常的管理上,如天津爆炸事件中首次出现郑州晚报官方微信账号被关闭一周的情况,这在以往治理谣言的行政处罚中很少看到。

2. 网络监管立法频度加快

2015 年初国家网信办就依法关闭 133 个相关微信公众账号;2 月网信办又发布《互联网用户账号名称管理规定》;4 月网信办发布《互联网新闻信息服务单位约谈工作规定》;11 月《刑法修正案(九)》正式施行,首次将互联网犯罪正式入刑。这些可以看出网络监管部门立法的频度在加快,互联网监管体系在不断完善,网络监管法制化建设逐步走向正轨。

二、未来社会舆情发展趋势

结合近年网络舆情的发展特点以及未来技术发展趋势,未来网络舆情的基本走势可以概括为以下几点。

(一)公权力和民生议题会持续成为网络焦点

目前我国社会处于深刻的利益调整期,社会利益格局复杂,社会矛盾在各个层面和阶层之间广泛存在,随着十八以来一系列由中央主导的反腐行动，引起了社会各界的广泛关注，这一行动的持续深化使得未来关涉公权力部门和个体的网络议题依然可能成长为社会议题。

另外，社会民生也会成为民众关注的核心焦点议题，主要是环保、住房、医疗和教育等关涉民众切身利益的问题尚未很好地解决和完善，尤其是雾霾等公共卫生和公共安全议题，已经作为刻板印象和固有认知框架"内化"到网民群体社会认知图景之中，民生话题就像油锅，哪怕一丁点的火星都能引起民众的持续关注，因为这些话题事关其自身群体的利益，一旦触及很容易引起民意的啸聚。

（二）自媒体发展迅猛，舆情环境更加复杂多元

自媒体的迅猛发展是未来网络舆情发展中比较靓丽的风景线，自媒体账号不同于微博网络大V，其更多地扮演"信息管家＋意见领袖"的双重角色，多是传统媒体人、行业中V等建立的，自媒体账号的发展，加上网民、传统网络意见领袖、政务微博微信、媒体账号和NGO组织，社会公共舆论场会更加热闹，舆情环境也会更加复杂多元。

（三）线上线下共振的O2O集群行为会日益加剧

无论是头上戴豆芽花的现象的流行还是日常话语表达中不断蹦出的"吓死宝宝了""小公举"等，线上与线下的同幅共振现象已经成为近年来网络舆情很奇特的现象之一。未来随着微信群和朋友圈塑造的小型社会群体交流方式成为常态化存在，基于线上线下的O2O（Online To Offline）集群行为有可能比较频繁出现，如学生微信群中经常出现的为生活困难同

第一章
社交媒体时代"声誉"成为易碎品

学捐款,为其他同学投票等,都可以看成是O2O集群行为的体现,在线上进行社会动员,在线下展开社会行动,动员与行动有效区隔,但却达到了更大的社会影响力,这就是O2O集群行为。

(四)网络虚拟社群崛起加大社会各阶层对话难度

微博像个农贸市场,大家都可以在这里讨论辩论,反而更容易使得各个群体对话和交流;而微信更像是自给自足的小农经济,微信群和朋友圈的技术特征使得网络社会对内强化自身群体内部的归属和情感依赖,对外则强化群体的边界和区隔,很容易形成小圈子文化,虽然微信和微博都是一种嵌套传播结构,但微信群体之间有明晰的边界,在社会公共事件讨论中容易自我封闭,拒绝对话,拒绝进行有效的观点交锋,最终造成社会阶层之间对话艰难,各个社群在各自的公共话语空间内隔空喊话,或者是鸡同鸭讲,在目前微博用户互动意愿不断下降的情况下,最终会造成全社会范围内的各个社群之间不通约,强化了社会各阶层之间的刻板印象,不利于社会的有机整合。

(五)传统媒体与网络媒体监管标准有望打通

整体来看,未来对社交媒体的监管力度会日益趋紧和强化,互联网立法、执法力度将更大,尤其会加大"自媒体"舆论的进一步规范,当然这也符合世界监管趋势,如路透社已宣布关闭网站新闻评论功能。

另外,未来会进一步打通传统媒体与网络媒体两者的监管标准,一般来说,传统媒体主要由国家新闻出版广电总局对其新闻资质等进行监管,

直击人心：社交媒体时代新闻发布与媒体关系管理

网络媒体则主要是由国家网信办进行监管。2015年11月，国家网信办、国家新闻出版广电总局联合举行首批新闻网站记者证发证仪式，为人民网、新华网、央视网等14家中央主要新闻网站首批594名记者发放新闻记者证，与传统媒体发放的记者证相同，具有同等的权利，也具有同等的责任和义务。虽然还主要是为具备新闻资质的中央新闻网站发放新闻记者证，但将来可能扩展到门户商业网站。未来通过"总量控制、标准一致"的相关原则实现传统媒体与网络媒体的集约化监管。

通过目前社会舆情场域的新变化分析可以看出网络社群的崛起加大了社会对话的难度，因此需要在全社会范围内构建出一个公共话语平台，政府应该成为社会沟通平台的构建者和秩序的维护者，社会学中的"自我决策效应"和舆论学中的"观点市场"等理论都认为公众具有自我判断能力，各种观点只有在充分的表达和交锋中才能形成社会认同和社会共识。同时，政府要警惕群际歧视，必须正视网络在社会管理中扮演着重要的安全阀和社会黏合剂的作用，在虚拟社会空间努力打造社会不同群际之间对话的话语平台，而不是一味严格监管。

未来，必须改变目前社群板结化的境况，增强社群、阶层和族群之间的社会流动、社会竞争和社会创造，增强群体地位的合理性以及差异的稳定性，改革流动机制，增强网络社群边界的可渗透性，从而维持和提高弱势群体和阶层的自我激励和信仰体系，改变其内隐社会认知与社会预期，消解集体行动参与者特别是潜在行动者的群体愤怒和群体效能，从而达到终结集体行动的目的。必须通过改革社会流动机制，从根本上提升弱势阶层的国家认同感和幸福感用以阻断其引发群体事件的内在"集体认同感"，从而有效减少"弱势心理"在社会中的大量蔓延，从源头上达到消解各类群体事件特别是无直接利益冲突的"集体认同"隐患的目的。

第一章
社交媒体时代"声誉"成为易碎品

未来应该发挥社交网络在促进社会认同中的黏合剂作用,扩大社会认同的基础和范围,最大限度地促进社会达成最大公约数和认同合意,警惕网络中存在群体偏见和群体沟通隔阂,在虚拟社会群体之上构建超越于所有族群的全新社会认同,有效解决网络群体偏见和社会族群分裂。"中国梦"的提出很大程度上符合这种趋势和现实。

无论是民生议题还是网络流行语中吐槽类占据主导现象,都说明目前民众普遍存在社会压力过大,负能量积聚过多的社会现实,在这种境况之下一味地提倡社会主旋律和弘扬正能量不能起到疏导的作用,因此,未来要构建有效的社会情感按摩机制,及时疏导社会负能量,为整个社会民众进行情绪疏导和情感按摩,缓解社会压力,只有这样才能真正解决目前社会负性情绪淤积的现实。

十八大以来,通过对网上事实信息管理(打击网络谣言)、信息传播关键节点(强化对网络意见领袖的管理)、出台管理法规(如账号十条、微信十条)、完善法律体系("两高"对网络诽谤罪的司法解释等)等手段,舆情管理已凸现成效,社会舆情场域出现了一系列新的变化和态势,未来舆情监管的力度会进一步加大,力求网络舆情场域如同线下社会化场域一样——"可控、可管和可治",实现主流意识形态在舆情话语场域中的主导地位。

第三节 社交媒体时代:形象成为易碎品——塔西佗陷阱

在社交媒体时代,无论是组织还是个人的形象都成为易碎品。近年来,随着新媒体技术的不断发展,信息流动方式和复杂的信息传播格局,改变了传统的舆情形态和社会规训场域，相应的社会管理方式也必须发生变化，从高高在上的社会刚性管控到平等互利的对话式的柔性传播。

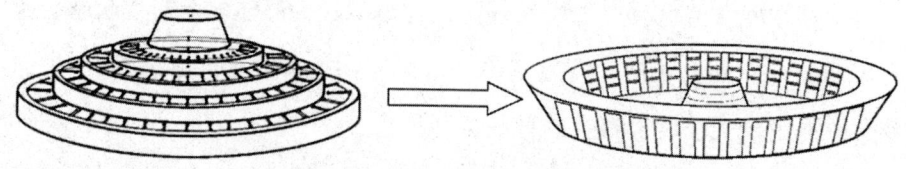

图1　社会管理方式从全景监狱到共景监狱

全景监狱是社会学家福柯对人类社会传统控制方式的比喻性描述，在全景监狱中犯人被监禁在不同的牢房中，狱卒则在更高一层牢房顶端的监视室内，他可以看到所有犯人，犯人却看不到他，但都知道狱卒的存在，这种管理方式是传统的社会管理方式，社会大众被置于社会管理者严密的监控之下，这种管理方式社会成本也较低。

但随着信息流动速度加剧和传播格局的复杂多元，社会管理者的社会话语权被不断消解，话语平权现象日益明显，形成了所谓的共景监狱，共景监狱是一种围观结构，一人监视众人的透镜被反置了，社会管理者被安排在公众视野之中，因此声誉在社交媒体时代成为易碎品，不论是国家、组织还是个人，在社交媒体时代都有可能成为被民众所关注、凝视的对象。

谈到声誉成为易碎品不得不提"塔西佗陷阱"，通俗地讲就是指一旦一个组织或个人失去公信力时，无论说真话还是假话，做好事还是坏事，都会被认为是说假话、做坏事。其实就是外国版的"狼来了"的故事，在声誉受损时如果处理不当很容易造成"塔西佗陷阱"的出现。

第一章
社交媒体时代"声誉"成为易碎品

第四节　刻舟求剑式的新闻发布机制不符合时代要求

一、新闻发布所处的媒介环境发生了翻天覆地的变化

（一）媒体形势和格局改变

传统媒体时代，信息的生产和传播渠道掌握在有限的媒体组织手中，掌握了媒体就掌握了渠道和内容，信息的生产主体和传播主体是一体的，全国的信息渠道是可以数出来的，报纸1800多家、广电台3000多家、期刊9000多家（多是专业杂志）、出版社包括副牌社在内520家左右，处于"渠道霸权"时代。随着新媒体的发展，信息渠道越来越富集化，呈现出渠道过剩的情况，如目前微信的注册用户达六亿多，理论上拥有六亿多的自媒体账号，信息渠道越来越多元，随之是整个社会舆论环境也发生了深刻变化：传统的官方主导的舆论格局被多元化的舆论主体所取代。

（二）新闻生产方式改变

新媒体技术的崛起使得新闻发布主体越来越多元化，每一个微博微信的用户都可能成为新闻发布者，新闻内容生产的主体从组织化向社会化演变，新闻生产方式主要发生了以下变化：一是新闻线索的获取，通过刷微博微信获取新闻线索已经部分取代了传统的"跑新闻"；二是采访方式，

微博私信或微信直接联系新闻当事人或知情人,并进行采访,改变了传统面对面的新闻采访形式;三是新闻写作方式,随着微博微信表达的碎片化,出于适应这种碎片化、快餐化的信息传播的需要,新闻写作方式力求简洁短小,这些都使得新闻生产方式出现了全新变化。

(三)新闻生产主体改变

目前新闻媒体的主要群体多是刚入行的大学毕业生,一般年龄在22岁左右,多是"90后",生产主体更加年轻化,简言之是"90后"群体已经成为新闻媒体的主要生产者,"90后"是互联网最活跃的用户,与其前辈新闻工作者不同,其对新闻职业操守的理解、对新闻运作的理解更具随意性,因此很难用与其前辈打交道的方式同他们进行交流,这些都使得新闻发布与媒体关系管理具有更多不可控的因素。

(四)新闻消费者改变

信息传播环境和格局的改变,也使得传统的新闻消费方式发生了变化,传统的信息消费是一种被动信息消费,仅是满足其最基本的"知情权"的需求,目前信息消费方式已经从原来的"知情权"变为"话语权",同时新闻的"在场意识"也在不断强化。除"知道"之外,公众还要"说话",还要质疑、跟进,"用户"与"用户体验"成为新闻消费当下最为流行的话题。

第一章
社交媒体时代"声誉"成为易碎品

二、媒体关系管理惯性思维

（一）传统舆论管理手段的效力在不断下降

在传统媒体时代，党的宣传管理部门形成了一系列有效的舆论管理方式，这些方式概括起来大致有以下基本准则。

1. 党性原则

长期以来，传统媒体的新闻宣传工作一直强调党性原则，对于传媒来说，党性原则一言以蔽之，即听从党的指挥和领导，做好党的宣传教育的喉舌。但随着互联网的出现，商业资本控制的新闻门户网站等新媒体形式层出不穷，传统的铁板一块的媒介所有制被打破，相应地党的一竿子到底的新闻宣传管控体制也或多或少地受到冲击和影响，尤其是一些商业新媒体网站为了追求所谓的流量，标题党、假新闻、擦边球新闻横行，对党性原则遵守得不够"真心实意"，一定程度上可以说党性原则的要求的效力在下降。

2. 以正面报道为主

以正面报道为主是党历来的新闻宣传方针，对新中国成立初期鼓舞全国各族人民的民族自豪感和自信心具有很大的促进作用，长期以来所形成的以正面报道为主的新闻传播文化，即喜鹊文化，在互联网时代显得捉襟见肘。完整的信息需求是生旦净末丑、酸甜苦辣兼备的，尤其是在目前的情况下，传播渠道越来越多元，公众的新闻信息鉴别能力在不断提升，再加上各种小道消息满天飞，尤其是"出口转内销"的境外消息，因此这种

"一面说"的传播诉求方式受到了极大的挑战。

3. 典型人物报道

党历来有树立典型人物的新闻宣传传统，如新闻史上可查证的树立的第一个典型人物——陕甘宁解放区的吴满有。新中国成立以后，又树立了一系列全国老百姓耳熟能详的典型人物，如雷锋、黄继光、邱少云，以及新时期的孔繁森、宋鱼水和郭明义等。随着互联网时代的来临，党所掌控的媒介渠道所形成的信息不对称优势缩小，公众获取新闻信息的渠道不再仅仅依靠党和政府控制的新闻宣传媒介，传统媒体的社会议程设置能力在变相削弱，尤其是对"80后"和"90后""电子原住民"群体。在未来信息渠道富集化、信息海量化的时代，以往依靠渠道轰炸、信息堆砌的新闻传播手段的效力是越来越下降的。

4. 新闻舆论一律、舆论联动

在传统大众媒体时代，为了增强新闻传播的优势和规模，舆论一律和舆论联动是进行新闻宣传的重要手段和工具，目前在许多新闻宣传中依然经常使用，这是增强和放大党的主流声音的重要手段。在互联网时代媒介渠道多元化，传统媒体尤其是党报等的读者群数量和结构相对比较固定，覆盖范围有限。互联网电子原住民群体，对一些传统的主流媒体的接触率较低是个不争的事实。

因此，在网络上有一种说法，随着网络舆情事件的高涨，很多舆情管理手段出现了一定的乏力和疲软，即所谓的"三个进不去"：基层党组织"进不去"；思想政治工作"进不去"；公安、武警等国家强制力"进不去"。这"三个进不去"虽然有极端和片面之嫌，但也说明了传统舆情管理手段

第一章
社交媒体时代"声誉"成为易碎品

的效力下降是不争的事实。

（二）基层官员面对媒体的"三不说"

由于整体政治环境的差异，加上一些基层领导干部与媒体打交道的经验等方面也存在不足，目前一些基层领导面对媒体表现出所谓的"三不说"。

1. "不敢说"

一些基层官员面对媒体首先表现出害怕，甚至个别官员一看到电视台摄像就害怕，害怕自己说错话，认为言多必失，多说多错、少说少错，甚至干脆是不说不错，对媒体采访能躲多远躲多远。如2012年8月15日，浙江湖州市养殖户杨水江鱼塘大面积死鱼，浙江一家电视台摄像记者采访过程中，受湖州市吴兴区八里店镇党委副书记等人阻挠，并被推进水塘。这种极端案例的出现并不是偶然，一定程度上与基层领导面对媒体不敢说有很大的关系。

2. "不会说"

个别基层领导在台上讲话侃侃而谈，但一面对媒体和镜头就表现得不够成熟，要么以一句无可奉告生硬地挡回记者，要么就滔滔不绝，最终被记者片面引用而引火上身。例如2009年郑州财政局副局长质问采访的中央人民广播电台记者"你是准备替党说话，还是准备替老百姓说话"，最后成为当年年度网络流行语；又如，2011年7月，在7·23甬温线特别重大铁路交通事故新闻发布会中，铁道部新闻发言人王勇平一句"反正我信了",引发网友热议,成为网络流行语。

3."不能说"

基层许多事件是由实务部门来处置的,而宣传部门仅是扮演"救火队长"的角色,背后有一些隐情、内情是不方便向媒体公开的。宣传部门的角色和内部授权不够,因此出现了一些事实不能说的情况。如2014年高考,河南漯河高级中学有74人因国家二级运动员而加分,占河南全省此项加分总人数的十分之一,人数之多引发公众质疑。央视记者采访河南省体育局宣传处处长时,在问到"国家二级运动员资格审查具体由谁来做"时,这位处长左右张望,犹豫了七八秒钟后说出一句:"能不能你问之前咱先沟通沟通?"这样的情况比较普遍。

第二章
社交媒体时代的新闻发布与新闻发言人

第二章
社交媒体时代的新闻发布与新闻发言人

第一节 关系传播和情感传播成为社交媒体时代的主流

渠道和内容是传媒业讨论最多的两大核心议题，在渠道霸权时代，得渠道者得天下，有了信息通路，无论是信息资源还是广告资源都会蜂拥而至，大家思考的是如何生产出更好的内容产品抓住读者的眼球，当时讨论最多的是"眼球经济""注意力资源"，争论最多的是到底"内容为王"还是"渠道为王"的终极答案。但随着以三微一端为代表的社交网络时代来临，人人都是记者，公众使用媒介的目的和功能指向发生根本变化，单一的信息需求转变为社交、生活服务等于一体的综合服务诉求，在以往的传播关系中，任何需求都是搭载在信息传播这一个主要功能支点上的，而随着传播关系社交化和复杂化，信息传播功能反而下降为从属于社交关系的次生功能，内容和渠道贬值，关系传播和情感传播成为这一时代的核心竞争力。

一、关系传播是移动互联网时代传媒的"硬件"

任何人都生活在关系社会中，不可能脱离关系而存在，人本质上是一个"关系人"。农业文明时代，基于血缘、地缘等关系而形成社会的关系网和群落化存在，人际传播和群体传播是这一时期的主要传播形态，社会归属感最为强烈；工业文明时代来临后，社会个体所依附的原有社会关系网一定程度上被破坏和取代，个体重新以"原子化"的方式而存在，社会关系链接的基础则主要是依赖学缘和业缘，社会关系开始变得虚拟化，社会归属感也相应下降；而随着网络社会的崛起，移动互联网尤其是以微博和微信代表的社交移动互联网媒体的勃兴使人们得以重新部落化、族群化，人与人之间的社会关系也随着社会的进步越来越丰富，一种新型的社会关系诞生——基于趣缘的社会虚拟关系，并且社交移动互联网的社会属性在不断消退，人们越来越把过多的私人领域的想象也叠加到社会关系上，并越来越倚重于这种虚拟的社会关系网，社会关系和社会结构发生了本质性变化，而依附在虚拟社会关系网之上的传播关系也会基于新型的社会关系移动互联网而改变和重塑，关系传播将逐步取代大众传播、组织化传播成为社会传播的主流传播形式。

以往人们获得个体生理极限以下的信息主要依靠的是传统大众媒体，传播多少就知道多少，大众媒体成为人们获取外界信息的首选渠道，在人们获取信息的所有渠道中，传统媒体贡献的社会信息占到总体的80%以上，这种信息传播格局在社交网络时代则发生了根本倒置，据中国人民大学舆论研究所针对当前民众的信息消费习惯的调查研究，目前网民获取信息的渠道结构中，依靠社会关系网而不是大众传媒获取的信息比例已经上升到60%以上，尤其是年轻群体，获取信息的渠道主要是朋友圈和微信群，其余则是网易、凤凰等新闻客户端的推送信息，人际关系网传播大有取代大众传播之势，未来随着朋友圈、微信群等社交关系网的进一步扩大，这一比例还会继续上升。

第二章
社交媒体时代的新闻发布与新闻发言人

二、情感传播是移动互联网时代传媒的"软件"

著名营销学大师菲利普·科特勒曾把消费者的社会行为分为三个阶段：一是量的消费阶段，即人们追逐买得到和买得起的消费；二是质的消费阶段，即寻求货真价实、有特色、质量好的商品；三是情的消费阶段，即注重购买商品的情感体验和人际沟通。人类传播的历史也是按照这个脉络来演进的，因为信息本身就是一种特殊的消费产品形态，从最早的渠道为王时代，民众获取信息的多寡一定程度上与信息渠道本身的丰度有很大关联，那是对信息"量"的消费时代，因此，当时人们得到一份报纸会从报头一直看到"报屁股"还有点意犹未尽的感觉。

随着媒介技术的发展，信息渠道的价值在不断消解，民众获取信息的渠道多元乃至冗余，可以看到的信息当量在不断增加，信息熵随处可见，这个时候质量好的信息内容成为民众信息消费的主要形式，内容"质"的消费成为这一时代重要特征，因此，在当时"追剧"成为一种社会时尚。

社交网络和社交媒体的崛起，UGC（User Generated Content，用户生产内容）、PGC（Professionally-generated Content，专业生产内容，也称PPC，Professionally-produced Content）和 OGC（Occupationally-generated Content，职业生产内容）等内容生产方式多元并存，整个社会内容生产者呈现出社会化、立体化和结构化的趋势，优质信息内容不再是稀缺性资源，民众在对信息消费的同时更加关注的是信息本身带给自身的社会情感体验和情绪按摩需求，人们对信息的消费不再是低层次的"我知"阶段，而变成了"我思"高级阶段，注重参与意识和在场意识，注重在传播中实现情感交流和人际互动，在互动中满足虚拟网络社会带来的集体空虚和社会情绪受挫，即关系消费和情感消费的信息消费方式崛起，移动互联时代必然是以情感传播和情感体验为鲜明特征的传播时代。

从某种意义上可以说，关系和情感是天然融合的，关系是形式，情感是内容，在关系基础上架构起来的社会情感是更高的阶段，在虚拟社会交往中，有些人互相加了对方为好友，建立了所谓的关系，但基本上没有说过太多的话，情感没有建立起来，这种关系只是一种形式关系。因此，从这个意义上可以说，虽然传媒意识到社交、关系在传播中的重要程度，但从关系传播过渡到情感传播还有很长的路要走。

三、UGC+PGC 和 OGC 多元化生产方式

随着移动互联时代的来临，移动产品 APP 越来越多，再加上社交功能属性的凸显，UGC 模式基本上成为业界公认的金科玉律，成为 APP 产品的标配，一系列 UGC 模式的产品扎堆出现，如移动社交工具的公众平台、盖楼跟帖、段子 APP 等，还有无论是购物还是拍照 APP 都必须加上 UGC 的功能模块，这些产品依靠大量用户贡献内容而获得了大量的用户，甚至因此获得资本市场的青睐。但 UGC 模式越来越成为一个"大坑"，与其所依附的社交平台形成一种零和博弈的关系。

从本质上说，UGC 模式就是吸引足够多的用户参与到社交平台的内容建设，用户贡献内容必须达到一定的量级，否则难以形成平台效应，最多也只是小打小闹，难以吸附更多的社会注意力资源，而一旦真正有了大量用户，并且有足够多的内容支撑平台的价值对更多用户输出的时候，平台的价值才能凸显出来。而这种平台一旦形成，平台方就会制定各种规则让用户来遵守，有些规则会比较苛刻，UGC 生产的积极性受到打击……

第二章
社交媒体时代的新闻发布与新闻发言人

封号、恶意删除等规则都有可能打击平台上的用户进行内容生产的积极性。人口红利既是UGC平台壮大的基础也造成UGC平台发展具有不确定性，在平台方看来，用户的质量不是那么重要，只要保证拥有足够多的用户和粉丝数量，用户贡献的内容足够的多，一些用户哪怕是优质用户的流失并不算什么，这就造成了平台上的用户流动非常强，平台间的可替代性也非常强——只要有同属性的平台出现，用户很容易就会流失到别的平台上。

另外，UGC产品的盈利模式至今尚不明晰，像百科、问答类等UGC产品很难有自己独特的盈利模式，要比广告、商品交易等有明确盈利模式的互联网产品难得多，平台方为了改变盈利的困境，在获取足够多的用户后，为了赚钱挂满广告，平台方和用户的初心和合作基础已经发生了变化，随着平台的不断壮大，活跃的底层用户价值已经被消耗殆尽，用户越来越不受到平台方的重视，从目前的实际运作来看，UGC模式似乎是一个可望而不可即的梦，例如目前新浪微博盈利所面临的困境。

随着移动互联网的发展，信息内容的生产不断细分出多元模式：UGC、PGC和OGC，研究者总是希望讨论出到底"谁会替代谁""谁必将是主流模式"等问题。作为一个去中心化的网络社会，信息生产模式无所谓好与坏、谁替代谁的问题。首先，PGC和UGC经常存在交集，某种意义上PGC属于UGC的一部分，部分专业内容生产者既是该平台的用户，也以认证等专业身份贡献具有一定水平和质量的内容，如微博的科普认证账号、政务微博账号还有一些加V认证的网络意见领袖；其次，PGC和OGC也存在交集，在平台上，存在一少部分专业内容生产者既有一定的专业身份，又有一定的职业身份，如媒体的记者、编辑，既有新闻的专业背景，也以写稿为职业领取报酬；再次，UGC 和 OGC 同样存在一定的交集，一定的专业生产机构在平台上注册，传播自己的信息内容，既是平台的内容贡献者又带有本职业的生产特性，如微博上的媒体官方微博和微信上的公众号。

因此，UGC 不是万能的，未来单纯的 UGC 模式是不足以支撑起整个互联网发展的，必须是 UGC 和 PGC 相辅相成的内容运营思路主导，因为一个成熟的互联网内容产品，不论网站还是社区、视频平台、音频平台和社交平台，均是 UGC 负责内容广度，贡献流量和用户的参与度，PGC 负责维持内容深度，树立平台品牌和创造平台高附加价值，两者缺一不可。从这个意义上来说，未来的互联网上信息生产格局应该是以 UGC+PGC 和 OGC 两个模式并行不悖地来主导。

第二节　社交媒体时代新闻发言人的新变化

随着媒体环境和话语格局的变化，社交媒体时代的新闻发言人的定位和功能都发生了翻天覆地的变化，已经由原来的新闻"传声筒"变为组织形象的"造型师"。

一、理想状态下的新闻发言人

在新闻发布制度出现和确定之时，新闻发言人的基本职能如下：一是新闻资源的掌握者，新闻发言人作为组织与外界沟通的主要角色之一，首先得掌握足够多的新闻资源，这里的新闻资源不仅仅是有关本组织的新闻资源，还包括对公众的信息需求和信息偏好的掌握；二是相关信息的披露

第二章
社交媒体时代的新闻发布与新闻发言人

者，新闻发言人的定位是组织内外勾连的信息渠道，并承担信息与外界沟通的唯一渠道，因此往往是有关组织的重要信息披露者；三是相关观点的传播者，新闻发言人不是简单的信息传声筒，更需要的是表达组织的观点和看法，不仅仅是事实的陈述者，更要是代表组织进行社会表达，有血有肉，有感情有主张，将组织人格化的重要落点。

新闻发言人所承担的职责主要有以下方面：一是代表组织传达重要信息；二是澄清错误言论；三是维护组织良好形象；四是保持信息的畅通。综合来看，新闻发言人和新闻发言人制度是现代信息社会所必需的。

二、现实中的新闻发言人困境

在人人都有麦克风的时代，加上当前的信息公开及管理制度本身的限制，可能新闻发言人知道的并不比网民更多，甚至由于职责所限等原因，有些信息无法披露，面对持有广角镜、放大镜和显微镜的网民，一些部门的新闻发言人反而成了"信息弱势群体""知情有限公司"。而发言人代表某一国家、集团、部门、企业的利益，他们的"脑袋并不完全长在自己的肩上"。

（一）新闻发言人是"盾"，记者或民众是"矛"

很多时候，由于组织的管理制度甚至是组织管理者本人的认识，新闻发言人往往成为挡箭牌。诚如教育部前新闻发言人王旭明所说，遇到领导工作没做好或者不愿公布信息时，通常是发言人去堵枪眼，然而这种情况下，单凭发言人的一张嘴是不会解决问题的，犯错的不是自己，却要站在犯错的人的立场接受大众的拷问，在回旋有限的空间里，他们往往会成为公众的出气筒，如果回答的内容有丝毫闪失，就会成为众矢之的。同时，通常发言人并没有掌握核心权威的信息，而在发布会上，对于关键决策和实际操作的具体问题必然会被问及，发言人在不能满足公众对信息需求的情况下还得拼命维护本部门的利益，很容易出现各种漏洞，这个时候就需要部门有决定权的负责人出面给公众一个满意的解答，如果高层无一人出面回应公众质疑，单靠发言人独挑大梁，是很难堵住悠悠众口的。所以不难发现，很少有人能在新闻发言人这个岗位上"光荣"退休。

（二）新闻发言人是"救火队"

新闻宣传部门经常是不了解实际情况却要第一时间面对新闻媒体，如笔者2015年去山西某地级市调研，与当地的新闻办主任访谈时，该主任接到华商报驻山西的记者电话询问本地工商银行部门保安殴打储蓄者的事件，新闻办主任当然不知道具体怎么回事，只能承诺了解详情后再第一时间向记者反馈。这件事中，工商银行按理说是企业，与政府部门没有直接关系，新闻办主任不能第一时间回应，本身已经失去了新闻应对的先机。另外，新闻宣传部门负责的新闻应对事无巨细，如中国石油化工集团新闻发言人吕大鹏表示中石化2014年面临的是55万条信息，其中42%是负面信息，平均每天639条，就是说每天平均有639人次在骂中石化，经过媒体传播放大的负面舆情492次，这些都需要新闻发言人进行回应，压力可想而知。

（三）新闻发言人被认为是"一个有风险的职业"

调查显示，2003年首期中国新闻发言人，如今大多都已离开新闻发

第二章
社交媒体时代的新闻发布与新闻发言人

言人岗位或多已静音。面对是否最短命职业的疑问,曾对离职"欲哭无泪"的教育部原新闻发言人王旭明反问,新闻发言人该顶雷吗?新闻发言人被认为是一个很难"光荣"退休的岗位。新闻发言人制度的建立,政府的主动新闻发布已填补了"回应空白",但空话、套话却填补不了"信息空白",有人甚至总结出政府信息发布中"零信息"回应。很多时候新闻发言人是不得不上,如温州动车事故发生后,铁道部领导授意王勇平仓促上阵,最后折戟沉沙。在2009年故宫哥窑事件、郭美美事件中,新闻发言人的表现始终难以让公众满意,王勇平在事故发布会上的"官话"更被人诟病,一个重要的原因是中国新闻发言人仍难摆脱官员"背景",与国外职业新闻发言人并不相同。甚至有媒体报道说,部委新闻发言人电话一半难以拨通,"无可奉告""领导工作繁忙"等语句层出不穷。这与国新办要求的"任何时候面对媒体"相去甚远。王旭明坦言,新闻发言人是政府和百姓沟通的桥梁,但领导不认可,新闻发言人不好做。"你会遇到这种情况,比如说你工作没做好,你让新闻发言人去堵枪眼;比如官员不愿意公布信息给公众,这种情况就靠新闻发言人,就靠嘴去说,那效果就非常有限。"王旭明曾举例说,2009年许多新闻发布会,说了半天,里面没有新闻。因为新闻发布会的发布,决定权不在新闻发言人。王勇平事件发生后,造成的最直接的影响是发言人不敢张口,不愿意说自己的话,照本宣科的多了,生动解释的少了,读稿子的多了,只因一旦以自己的风格走向前台,就可能成为"孤家寡人"。

中国舆论的开放进程,比发言人制度的进步要快很多。发言人能够提供的信息,总是赶不上舆论的要求。发言人的"官腔"也最容易导致与民间舆论的对立。有时发言人的表态不仅无助于危机公关,反而火上浇油。"登高而招,臂非加长也,而见者远;顺风而呼,声非加疾也,而闻者彰。"

公安部前新闻发言人武和平在一篇文章中这样描述自己的职业。的确,作为新闻发言人,应该为自己所从事的职业感到骄傲,这是一个能够让信息更加透明,让公众了解到更多真相的工作。

三、新闻发言人的三个境界

新闻发言人按照其工作理念和功能定位可以分为以下三个境界。

(一)盾牌型——*被动应对,化危为安*

这一类发言人平时不发声,遇到攻击时,被动应对,站出来调解或道歉,这样做的成果仅仅是摆平事件,化危为安。基本上大多数基层新闻发言人是这样,有人来攻击,就拿出"盾牌"应对,没有人攻击,也不会主动设置议题。

(二)喇叭型——*积极尽责,主动发声*

这一类发言人极富责任心,对企业忠心耿耿,平常千方百计地传递组织的好声音和正能量。这种境界已经做到了化被动为主动,可以称之为积极的、尽责的新闻发言人。

(三)桥梁型——*社企对话,改良文化*

这类新闻发言人能把社会对组织的监督和要求带到组织里来改善组织

第二章
社交媒体时代的新闻发布与新闻发言人

形象,改良组织文化,改变员工行为。桥梁型的发言人一方面要把内部的信息传递到社会上去,另一方面要把社会上的信息传递到组织,而不是做掩盖者、说谎者。

当然,随着境界的提升,更多的是需要新闻发言人自身的价值认知和对新闻发言人制度本身的敬畏。

四、新闻发言人存在的问题

新闻发言人制度目前在中国已经正式运行 14 年了,取得了一定的社会成效,有效促进了社会信息公开。但坦率地说,仍存在一些问题,主要原因在于中国的新闻发言人制度是建立在"官职本位"基础之上的。一个好的、专业性强的新闻发言人是要经过时间的磨炼,但一旦一个好的新闻发言人磨炼得差不多,往往因政绩不错被提拔,脱离新闻发言第一线,而成为"领导"。这样会有新人接管新闻发布工作,重新面对记者的"诘问"和"发难",本质上讲国内将新闻发言人作为一种官职,拥有科级、处级乃至司局级的级别,很难将这个工作进行专业化和职业化。有相关研究者就新闻发言人在实践中的表现提出了经常存在以下问题。

(一)无可奉告

虽然是部门或企业的发言人,承担着信息沟通和新闻发布的重要职能,但往往一问三不知。本来新闻发言人突破了以往官员"训诫"式的角色定位,通过与记者进行平等对话,能够起到"润物细无声"的传播效果,但往往事与愿违,一些新闻发言人面对记者的提问三缄其口,口头禅都是

"无可奉告"。

(二) 大包大揽

在现行体制下,新闻发言人的行政级别一般不高,因此知道的信息有限,并非事事清楚,有的新闻发言人错误地认为,出了什么事情自己的任务就是去堵枪眼,去转移视线,去替人受过,大包大揽,什么责任都自己扛,有着"牺牲小我,成就大我"的奉献精神。但事实上,"牺牲小我"并不能"成就大我",而往往是一损俱损。

(三) 照本宣科

这类现象最为常见,事先准备好台词,不分场合不分对象照本宣科。比如央视连线抗洪前线,面对主持人关于决口有多大、群众转移情况的询问,江西防总办副主任充耳不闻,先后介绍了国家防总副总指挥、水利部部长、国家防总秘书长、水利部副部长、江西省防总副总指挥的重要指示。其间主持人两次打断、再三询问,他依旧对着事先准备好的稿件大念特念,可谓以不变应万变,置主持人强调询问的百姓安全问题于不顾,争分夺秒、不吝口舌、有板有眼、有名有姓、有职务地指出了五位高级官员的"重要指示"。

(四) 自我辩护

譬如闹得轰轰烈烈的霸王洗发水的"二恶烷"事件,发言人一直强调

第二章
社交媒体时代的新闻发布与新闻发言人

二恶烷是整个行业都存在的现象,并非"霸王"独有,而实际上公众所关心的只是对消费者构成何种危害,而不是行业里的种种"潜规则"。"霸王"的这种表态,忽视了对消费者权益的考虑,只是一味地撇清干系,难怪会一波未平一波又起。

(五)报喜不报忧

这是大多数政府部门和企业的习惯做法。碰到自己需要宣传的好事就大书特书,而记者一问起负面新闻就面露难色,推三阻四,甚至视媒体为大敌,抱怨记者嗅觉敏锐,好事不出门坏事传千里。

(六)恼羞成怒

当一名记者问身为全国政协委员的某省政协主席怎么看待官员财产公示制度时,这位委员先是说:"很遗憾,我对这个问题没有研究。"在记者的追问下,他竟反问记者:"为什么不公布老百姓的财产?那些企业老板的利润为什么不向工人公布?"类似这样的恼羞成怒如"你是哪个单位的""你在替谁说话",经常可以在不同的新闻采访中遇到。

(七)感情错位

有的新闻发言人本末倒置,不以人为本,在重大伤亡现场不首先发布人员的伤亡情况,而是夸夸其谈救援人员的英勇行为;还有的发言人面对火灾、矿难等重大事故时,喜形于色,大谈由于领导重视措施得利,局面已得到基本控制，没有表现出基本的人文关怀。

第三节　新闻发言人不是一个人，而是一种制度

新闻发言人和法人是一个概念，虽然都是以"人"结尾，但都不是自然人，而是一种制度，一个团体，是制度化了的"个人"。应该要树立这样一个概念，新闻发言人必须重视制度建设，只有真正确立了新闻发言人制度，才能不会由于一个人的升迁或离去而使组织的形象一落千丈，也才能为不同新闻发言人梯队提供适合自己的舞台和表达特色。

好的新闻发言人应该始终坚持一个原则，那就是"忠实说，迅速说，首先说"。另一个重要的原则是：寻求部门利益和公众利益之间的平衡点，制造社会共识，而不是引发社会对立和信息不对称。好的新闻发言人制度是着力培育这种好的新闻发言人产生的土壤和氛围，而不是让制度成为新闻发言人个体的陪衬或工具。

正如王旭明所说，目前的新闻发言人制度多重视技术和技巧，却忽视了制度建设。制度建设有时会比出现危机后新闻发言人"口吐莲花"式的应对更加具有成效，如卫计委的新闻发言人也是目前首期新闻发言人培训班唯一在任的毛群安所说："风险沟通用我们卫生领域的话来说就是预防为主，尽量不出事，就像我们搞应急机制建设一样，最好我们的机制建得挺好，但是没有启用过，这是最好的效果。"好的新闻发言人制度能够防患于未然。

第三章
社交媒体时代的媒体关系管理至关重要

第三章
社交媒体时代的媒体关系管理至关重要

第一节 案例导入：僵尸肉和蛆柑

2015年6月23日，新华社记者发表《走私"僵尸肉"窜上餐桌，谁之过？》的新闻报道，首次使用"僵尸肉"一词，因所述"'70后'猪蹄、'80后'鸡翅……有的比一些年轻人年纪还大的'僵尸肉'通过走私入境，悄无声息地出现在消夜摊、餐厅……"迅速引起广大媒体和大众强烈关注；2015年7月9日，有记者微信号"食品安全参考"上发文《剧情逆转的时候到了："僵尸肉"报道是假新闻！》，随后该文被广大网络媒体、资讯推送平台和社交平台争相转发，10日，被众多网友强烈关注，质疑声四起（注：微信原文已无法访问，提示被多次举报，不予显示）；2015年7月12日，涉事新华社记者发博文《公众利益面前，新闻记者的职业操守何在？》；针对新华社记者博文回应，食品安全参考涉事记者发微信文《关于"僵尸肉"新闻争议的一些想法》，就新闻报道的一些原则发表看法。至此，舆论焦点主要聚集到两个方面：a.报道中所称的"70年走私冻肉"是否真实出现过？b.讨论新闻报道相关的职业素养等问题；国家食品药品监管总局发布《食品药品监管总局、海关总署、公安部关于打击走私冷冻肉品维护食品安全的通告（2015年第29号）》，随后，有新闻媒体针对整个事件做相应报道和反思。公众舆论视线开始重新回归打击走私冻品相关方面。

另一个比较典型的案例是轰动一时的"蛆柑事件",媒体抢新闻时的"快"与报原因时的"慢",是有沉痛教训的。2008年10月4日,华西都市报刊发了一篇题为《好可惜!万吨柑橘长蛆被深埋》的报道,称广元旺苍县柑橘园暴发大实蝇疫情,政府出资300万元统一收购做无害化处理。半个月后,网易论坛上一只被剥开的橘瓣中赫然出现一只白虫,这个镜头被广泛转载并被人为放大,取代其他解读成为最引人注目的报道重点。重庆晚报10月23日第七版报道《我买到了蛆柑》,除了有非常清晰的蛆虫图片外,指出:"水果业有关人士称,眼下重庆市场金橘多产自广西,不一定与四川广元有关。"此报道被多处转载。这样一来,使本来就处于信息朦胧状态的受众再次产生困惑,对"蛆柑只在广元范围内"的说法产生很大怀疑。

这些报道不能说是不真实的,然而这样的报道方式忽视了可能产生的负面影响,因为它缺失了蛆柑产生的原因。其实,"新闻是独立存在的。记者应该从接收到的一大堆原始数据资料中挑选部分信息,重新组织创作出新闻稿件。"媒体在此次报道中过多地转载描述疫情的文字与图片,而关于"柑橘蛆虫是否有害、能否食用"的话题设置,以及农业科学家强调"柑橘大实蝇只危害柑橘类作物,对人体健康不会造成任何影响"等报道相对滞后。这种影响一直延续到当年11月中旬才渐渐消除,重创了当年全国的柑橘市场。可见针对柑橘这种季节性很强的农副产品,媒体绝不能仅仅停留在"快报事实"的基础上,更要及时而慎重地报原因,尽快消除公众的心理恐慌。

因此,大众传播媒体具有重要的价值赋予和社会地位授予的功能。

第三章
社交媒体时代的媒体关系管理至关重要

关于大众传播的社会功能,美国学者拉扎斯菲尔德与默顿曾提出"社会地位赋予"的功能观:任何一种问题、意见、商品乃至人物、组织或社会活动,只要得到大众传媒的广泛报道,都会成为社会瞩目的焦点,获得很高的知名度和社会地位作为一种潜在的现实权力,大众传媒的话语权是其影响力的生发之源,它通过自身的话语权力赋予某人某物以某种社会身份,又通过公众对话语的关注催生其社会影响,并在潜移默化之中实现对受众判断与选择的影响或改变。众所周知,大众传播的广泛报道有正面报道和负面报道两种,所以,如果是因为正面报道而成为社会焦点,即可能获得拉氏与默顿所说的"较高的知名度和社会地位";但如果是因为负面报道而成为社会关注的焦点,则其原有知名度和社会地位都会大打折扣,遑论获得呢?甚至有可能就此钉死在公众视域里符号化、标签化的"耻辱柱"上。而事实上,当前大众传媒进行社会地位赋予已经远远不止于关注聚焦与广泛报道了,因为直接戴帽子、排名次、赠荣誉等已经渐成传媒常态。

第二节　社交媒体时代:生于媒体,死于媒体

一、媒体是事件的放大镜,能将细小的事件无限放大

正如上面所提及的新闻媒体具有价值赋予和地位授予的功能,即使进入社交媒体时代,媒体由于掌握的资源是其他自媒体账号所无法比拟的,依然在热点事件中扮演着重要角色。

图 2 媒体的放大镜效应漫画图

近年来,明星吸毒、嫖娼、因开无牌或冒牌车被处罚的新闻不鲜见于媒体,甚至个别明星还因醉驾、吸毒等坐了牢,这让人感到名人与普通人在法律面前基本平等了。但很难想象,如果移走媒体放大镜,这种平等会不会被大打折扣?正因为大多数文体明星没有获得监督批评的豁免权,在犯事时很难得到"优待",使他们相对而言还比较收敛。他们绯闻丑闻比别的群体多,一定程度上是由于他们受到更多的关注,他们更具新闻价值,而且曝光障碍更少。其实,在这样密集且高倍的放大镜下,任何群体都难于肆无忌惮。

德国社会学家贝克提出"风险社会"(Risk Society)理论。他认为风险社会的一大特点是其叠加在"媒介化社会"的基础上,从而被称作"媒介化风险"。"媒介化风险"主要体现在两个方面:一方面是媒体本身的失实报道,引起社会恐慌,从而制造风险;另一方面传播的事实是既有的,但人为地扩大或缩小了风险的真实程度,媒体失去预警功能,转为风险推动者。因此新闻媒体在使用放大镜观察事物时很容易过度放大和有意夸张,造成小事被无限扩大,进而被公众认为是很重大的新闻事件,浪费了过多的注意力资源,因此,媒体放大镜的功能应该是让人物和事件更加清

第三章
社交媒体时代的媒体关系管理至关重要

晰,而不是变成扭曲真实的哈哈镜。

二、新闻媒体具有偏见性

新闻传播学中关于媒介的一个重要比喻就是媒介是聚光灯或探照灯(李普曼提出),新闻并不是"真相的机器",新闻媒体所照射或关注的地方或者议题就被凸现出来,置于公众的生活之中。媒介的每一次行为都只能是对大千世界中的一个侧面、一个角落的关照。而大多数议题,由于处于一种"灯下黑"的状态当中,人们难以在媒介中寻找到它们的影子,因而,也很难想象它们的存在,在媒介构建的想象中,这些议题消失了。

另外,媒介作为一种公共资源,同时也是一种稀缺性资源。一方面,媒介本身是某一种稀缺资源(如版面、电视波段、频率)的受托人,因而其本身也表现出资源的稀缺性;另一方面,媒介生产的是精神产品,具有文化属性,而这涉及价值取向、意识形态等,因此,媒介总是掌握在少数权力精英手中。在这种情况下,大众很难接触、使用媒介资源,因而对于大众来说媒介是一种稀缺资源。除此之外,从微观的角度看,任何一种媒介的版面、波段、节目时间等都是有限制的,这与无限世界中的无限事件相比较,具有有限性,因而是一种稀缺资源。作为一种稀缺资源,为了实现资源利用效果的最大化,媒介机构在进行信息生产的时候只能够将最重要的、最紧迫的事件予以选择、加工和传播。这就是媒介的探照灯效应。因此哥伦比亚大学新闻学院苏德森(Michael Schudson)教授在探讨新闻业前景时指出,新闻不是"真相的机器",而是李普曼所说的"聚光灯"和"探照灯"。像探照灯一样照到哪里算哪里,更不应该为了吸引眼球而只将镜头对准个别话题和明星人物。

直击人心：社交媒体时代新闻发布与媒体关系管理

媒介通过对某些议题显著性顺序的强调，将一些议题置于末端，有可能形成对议题的遮蔽现象。例如，传统的报纸就具有非常明显的顺序性。当一个议题，媒介不得不进行报道，但是又必须限制其影响力的时候，在版面处理上就有可能将该议题放在不容易被受众注意到的位置。同样，对于议题顺序的排序，搜索引擎是一个很好的例证。搜索引擎是一个开放的系统，具有对信息进行遮蔽与呈现的功能，因而拥有对搜索结果进行干预的权力。搜索引擎对信息（议题）的遮蔽功能主要是通过竞价排序来实现的，因其结合了资本和权力的因素显得更为复杂。而同时正因为如此，其对议题的遮蔽更具有直接性。媒介对某一议题属性一个维度的强调，造成公众对该议题认识偏差，影响公众对议题真相的认知。当新闻媒介报道一个客体时——以及当人们谈论和思考一个客体时——客体的一些属性被突出强调，而另一些属性则被一带而过。对议程中的每一个客体来说，都有一个属性议程，而这个属性议程会影响到对该客体的理解。例如，在关于突发事件的报道中，其发生原因究竟是人祸还是天灾，这关系到一些人的利益。而此时，媒介对天灾的强调就有可能影响公众对真相的认知。

当前社会上有偏见的新闻报道主要有以下四个特点：一是以偏概全，认为从媒体人或受众角度看到的新闻事件就是新闻的全部；二是以点概面，只采用对自己观点有利的论据，而不考虑其他相悖观点；三是新闻报道的落脚点经常受到政治立场及社会环境的影响；四是迎合大众猎奇口味，往往没有实质性的内容和社会意义。而产生这些偏见的原因也是各方面的，综合来看，主要有以下几个原因：一是媒体对新奇和轰动效应的偏爱，新闻媒体为迎合大众的猎奇心理通常愿意报道那些新奇、怪诞和有轰动效应的事件，而存在于日常生活中的普通事件不论其产生影响的巨大性或暗含内容的重要性都会被媒体抛之弃之。新闻本身来源于生活，重大的

第三章
社交媒体时代的媒体关系管理至关重要

社会问题往往产生在日复一日的事件发展中，而这类事件的代表往往因为不具有新奇的特性而被媒体所忽视。一时间，性、偷拍、不雅视频、腐败开始成为热点词语挑逗着大众的猎奇心理，如对腐败事件报道中，官员落马，原本严肃的反腐新闻报道变得庸俗化、桃色化甚至色情化。二是市场经济决定的媒体商业化运作。对于新闻媒体而言，社会中的各个信息要素并不都是同等重要的，新闻媒体可以从大量的新闻事件中有选择性地进行报道，因此媒体报道的信息具有一定的片面性，同时由于新闻媒体的收入来源于广告商，媒体之间存在着竞争和利润的争夺，为了确保利益链条的完整以及商业化的运作能够正常进行，媒体通常会避免报道可能对广告商或广告商代表的利益产生不利的负面新闻，从而保住他们之间的利益关系。三是固有文化刻板印象，几乎所有的媒体都是根据自我预设宣传理念和国家主流方针政策、基本路线所提倡的正确观念来进行新闻报道的，新闻媒体人自身是社会群体和文化中心的一员，他们与其目标传播受众具有同样的世界观，对于国家的历史和社会意识形态有着与生俱来的责任感和保护原则。因此主流媒体的新闻不可避免地会建立在社会中心思维的基础上，由于每一种文化下的个体思维方式本质上都是社会中心的，新闻媒体别无选择地只能在既定的以社会中心为框架的环境中进行工作，因为不能跳出条框的束缚，使得偏见的产生更具有普遍性。四是自我中心思维对新闻事件报道的束缚，人们通常会认为与他们看法观点一致的报道是客观的，不一致的就是存有偏见的。如果新闻编辑将主流观点稍微转向自由方向，那么就只有自由思维倾向的一少部分受众才会认为这些信息是客观的；反之，如果将主流观点稍微转向保守方向，那么就会有大部分保守派受众接受认可，正是因为新闻媒体发表自由或是保守的言论取决于受众的自我中心思维模式，在这一情形下新闻媒体会极力迎合大部分受众的观点来取得信任，而不是客观报道呈现新闻事实。新闻媒体会报道其他媒体关注的内容，当某一媒体对某事件进行大篇幅的报道时，其他媒体也会亦步亦趋对这一事件进行报道，新闻媒体此时成为一个有领头者的固定群体。伴随着这种羊群效应，与之而来的是自我中心思维的扩大，进而使得偏见的产生更加明显。

三、拟态环境 VS. 真实环境：媒介假环境

李普曼在其《舆论学》一书中明确提出，外部世界和我们头脑中的想象并不是完全一致的，认为我们尤其应当注意的一个共同的因素，那就是嵌入在人和环境之间的虚拟环境。而这种虚拟的环境是由于媒介对人类社会的介入造成的，它产生的最终结果就是我们总是把我们自己认为是真实的情况当作现实环境本身。而实际上，这种"自认为的真实"是一种被媒介建构的真实，或者是"象征性现实"，而媒介建构的真实和客观真实总是有一定的偏差。由此，客观真实被媒介建构的现实所遮蔽，即所谓的媒介所塑造的假环境。

四、媒体的社会预言自我实现机制：美国大萧条

"自我实现"是美国社会学家罗伯特·默顿提出的一个概念，也叫"自证预言"（Self-fulfilling prophecy），预测本身恰可以促成被预测事件的发生，而如果不曾被预告过，这样的事件也许根本不会发生，太多的社会现象都能用"自证预言"来解释：大到族群与性别平等，小到艺术品鉴赏。一个人生了一男一女两个孩子，由于觉得女孩智商低，于是更多地鼓励男孩读书，并在成长过程中提供更多的营养，最终男孩果然取得了更大的成就，

第三章
社交媒体时代的媒体关系管理至关重要

于是此人更加坚信了自己之前的判断,却不知道这种差异是自己的行为造成的。通俗点讲,比如有人随便造了个谣言说"A物品要涨价了",拜人类的技术进步所赐,现在造这样的谣言很容易,只需"自媒体"一下,最后,这个谣言也许会成为现实——A物品真的涨价了。对这样的结果,可能连该谣言的始作俑者也瞠目结舌。其实一点也不奇怪,对这个谣言的"宁信其有,不信其无"的心态导致了一部分人对A物品的"囤积",市场上A物品的供给量随之减少,A物品的价格随之上扬,也符合经济学的供需关系原理。如1936年的美国经济危机出现之初,由于部分人到银行取款,媒体就报道银行发生了挤兑事件,读者看到新闻报道后加剧这种恐慌,真的去银行排队取钱,最终真的形成了银行挤兑现象,加速了美国经济大危机的来临;同样,在2011年的抢盐事件中,媒体参与抢盐事件的报道并没有减少大家的恐慌,当天媒体开始介入时,全国食盐的出售量反而上升。

"预言的自我实现"原理说明信息环境对一个人的行为及其结果具有重要的影响,它也是阐述"信息环境的环境化"问题的一个依据。因此,公众感知的事件不是真实的事件,而是媒体宣传的事件,因此从这个意义上可以说,"被感知的事实,永远比事实本身更重要",正如麻省理工学院教授乔姆斯基所说:"所有媒体都是抱有偏见的,我们看到的都是媒体加工以后的事实。"

第三节 媒体为什么爱曝光

一、新闻媒体与组织的矛盾关系

正如公安部前新闻发言人武和平所说"我们跟媒体是敌人吗?是敌

我关系吗？不是。是朋友吗？勾肩搭背无话不谈，千万不能！媒体不是你的上级，也不是下属，他是共同生产好新闻的伙伴。这是在搞得好的情况下，搞不好，你就是当事人，产生的次生灾害比这坏事本身还要坏。"哈佛大学教授大卫·格根也曾经对与媒体的关系做过论述："新闻界既不是朋友也不是敌人，它只是一种力量，不管你喜欢还是不喜欢。"美国白宫前发言人弗莱舍也曾说道："平日里，媒体仿佛一群嗡嗡作响的蚊子，你根本不在乎它；而一旦危机发生，媒体就成了一头20吨的大象，向你直扑过来，这时候，你想躲都躲不开了。"

所以，媒体与组织的关系很复杂多元，有时媒体是朋友，也是"敌人"；有时媒体是"诱惑"，也是"陷阱"；有时媒体是"原告"，也是"法官"；媒体会为你锦上添花，也可能"落井下石"；媒体与你不曾相识，又"形影相随"。

二、媒体爱曝光的客观原因

（一）媒体拥有舆论监督的天赋职能

美国报人普利策曾说，新闻工作者是社会这条大船上的"瞭望者"，瞭望的对象则是各种不利于大船顺利行驶的事物。对社会不好的事物就是社会前进中的障碍，新闻媒体的职责首先在于环境守望。这里的环境是指广义的范畴，除自然环境外，还包括人们生存的社会政治、经济、文化环境等为大船的平安前行保驾护航。因此新闻媒体天生具有对社会阴暗面和负面事物关注的敏感，如19世纪末20世纪初，美国新闻界兴起的"扒粪运动"，主要关注的是社会阴暗面，履行媒体与生俱来的新闻舆论监督功

第三章
社交媒体时代的媒体关系管理至关重要

能,著名的奥斯卡影片《飞越疯人院》就取材于一个记者在疯人院卧底近一年写出的调查性报道。

(二)媒体各自不同的利益和观点

新闻媒体由于其组织特点、管理体制和经济利益等各方面原因,即使是同一体制下有可能新闻立场也不尽相同,概其原因主要有以下几点:一是媒体的主管主办单位对其立场和观点具有影响,二是新闻受众的态度影响媒体立场;三是广告商利用广告投放影响媒体报道内容;四是竞争对手促使媒体选择差异化的报道方式。基于以上的不同利益和新闻价值立场,新闻媒体在新闻点的选择和判断上也存在显著性差异,如有研究者同一时间节点将国内主要四大门户商业网站(新浪、搜狐、网易、腾讯)主页新闻的题目用词频软件分析其高频词的差异度,可以明显看出来四家商业网站的差别,如搜狐更重视女性的特性一览无余。

(三)公众权利意识在不断增长

随着自媒体平台的崛起,公众对信息的需求不再单独是简单的知情权,还希望有"接近权"甚至是参与权,再加上中国民众固有的审丑、看热闹、围观心态,对新闻媒体的报道要求越来越多,记者本身也经常将自己形容为公众利益的"看门狗",这两者的合意,使得新闻媒体希望"搞个大新闻",这也是媒体爱好曝光的重要心理基础。

图3　每个信息终端都成为表达主体

三、媒体爱曝光的主观原因

(一) 部分地方领导媒介素养有待提升：常州微博门事件

2011年4月7日16：23，微博ID为"为了你5123"发了自己的第一条微博："我打字水平很差的，没时间练。和你聊不起来的。你有什么想说的挂在上面，我保证每天回你"，暴露出这个微博专门是为方便与一个人联系所开，这个人的微博ID是"Y珍爱一生Y"。两人在微博中不断打情骂俏，如"为了你5123"盛赞"你像章子怡，但她没你漂亮！"并透漏"Y珍爱一生Y"已结婚，并有一个儿子。微博ID"为了你5123"甚至直接在微博中呼喊，"没有身体的互相拥有，是不完美的！我期待那神圣时刻早点来临！"除了在微博上呼喊情人外，"为了你5123"的一些言语，更将自己的身份暴露了出

第三章
社交媒体时代的媒体关系管理至关重要

来。从"副局长在向他汇报工作""市长请他们及家人吃饭""自己可以报销"等来看,这位微博用户为当地政府官员。6月20日14:14及以后的20分钟,两人互发微博十几条,很快达成一致,下午两人约在黄庭酒店开房。

```
微博摘录
6月20日 8:52 亲爱的胖胖,我去天目湖了你有时间给我电话吧
6月20日 14:27 房卡怎么给我?我不到前台拿
6月14日 这个嘛,下回分解!不过我考虑过了,如果做你的女人,一定要有相当的隐忍功夫才行。不然内心世界会很容易崩溃的。
5月10日 如果明天我还能在路上碰到你,而且每天都能碰到你(休息天除外)直到你生日的那一天,我相信那就是你我的缘!我们就开始约会吧!
6月20日 14:14 宝贝,我上午一直在市长那汇报工作。
6月20日14:26 我先把房卡给你,你先去休息一下,等会我去。好吗?
5月25日 宝贝,今后我们还是少通电话少发短信,微博上见。想得厉害微博上约好在什么地方见,好吗?
4月26日 我外甥在做行长,去年买了一箱茅台给他。
4月26日 那好,请帮我开一张,溧阳交通银行,酒 6720元
4月26日 在上海买东西没有啊,我给你报销。
```

图 4 微博局长的聊天记录截图

2011年6月21日,两人的微博截图及开房相关内容被网友发到天涯论坛等国内知名论坛,网友开始进行人肉搜索,男主角为常州溧阳卫生局局长谢志强,成了网络上"最热局长",女主角叫张德珍,浙江人,常州卡斯特酒庄总经理。随后记者开始介入调查此事,《现代快报》记者核实微博是否为局长本人所发时,"你看到我们发微博的啊?呵呵,你怎么看到的啊?这个都能看得到啊?这不可能吧?我们两个发微博你都能看得到啊?不可能吧?",显然,这位局长是误将微博当作QQ和MSN之类的即时通信软件。6月21日下午,溧阳市委常委会召开紧急会议,决定"微博局长"谢某停职检查,并取消其党代会代表资格。并于下午17:47,该市宣传部在该某知名论坛上发布了关于此事的回复:"溧阳市委宣传部于昨日发现天涯等网站出现的反映我市卫生局一领导某些问题的帖文,并提请有关部门高度关注此舆情,本着对网民和干部负责的

态度,正根据帖文中反映的情况对有关当事人进行核实了解。溧阳市纪委将积极介入调查。"

(二)部分领导不善于面对和运用媒体

当前,社会管理者和媒体之间关系发生巨大变化,媒体逐渐演变为具有相对独立性的社会主体和经营主体,近年来,中央已经将媒体纳为重要的执政资源,并在宏观上做出了整体的战略部署,但对于应对与运用媒体课题的重视主要还处于宣传思想领域。大多数干部对媒体与执政关系的认识日趋理性、科学,新闻执政意识有所提高,也有一些领导干部还没有把媒体放在执政工具的高度上去重视和运用,尚未科学摆正与媒体的关系,与媒体打交道的能力和水平不高。从目前的实践来看,有许多网络事件发源于基层,但最终还是依赖高层出面来化解舆论危机,这说明不少基层领导干部在掌控媒体上出现了"水土不服"和"本能恐慌"。

1. 对新闻发布的认识不到位

许多事件发生后,一些地方忙于救援和善后处置工作,普遍存在"重事件处置,轻新闻发布和舆论引导"的现象,没有给予新闻发布足够的重视,严重低估了舆论的影响力。有的地方权威信息发布不及时,有的甚至沿袭过去"灭火""捂盖子"的做法,仍然寄希望于拖延或掩盖事件真相,导致"谣言满天飞",直接造成舆论上的被动局面。

2. 新闻发布缺乏组织和策划

一些地方在面对是否及时发布信息,用什么方式发布信息,对外披露

第三章
社交媒体时代的媒体关系管理至关重要

多少信息等专业性较强的问题时，不是按照舆论引导规律办事，而是行政决定。这种行政决定缺少对事件可能引发的舆论后果的研判，盲目性较大。一些地方在开展新闻发布工作时，缺少对舆情的研究、分析，不能根据事态的发展和舆情的变化及时调整新闻发布方案，更好地回应舆论的关切，错失了引导舆论的先机，达不到引导舆论的预期效果。

3. 缺乏危机应对专业知识和媒介素养

顶格回应是危机处理的基本原则。但在一些地方，出席发布会的往往是低级别官员，结果被舆论质疑为缺乏担当、推诿责任。一些地方的发布会准备严重不足，发布信息过于模糊，对记者的提问也是一问三不知。一些出席发布会的官员缺乏基本的媒介素养，官话套话连篇，应变能力差，不能善意、直接回应民众关切。

4. 有些领导干部及新闻发言人不善于与媒体打交道

社会管理者与媒体打交道的能力，直接影响到舆论引导水平的高低。一些基层领导干部，不善于与媒体打交道，对媒体这一执政资源的重要性认识不足，甚至存在各种偏见和误解，对新闻媒体抱着"敬而远之"的态度，不愿意和新闻媒体打交道，拒斥舆论监督。在现实中，确实是有些人受着形式主义、官僚主义的观念桎梏，从而使舆论引导这一重要工作变形走样。

当前，干部队伍总体上是在相对封闭的传统媒体构成的"舆论温室"中成长起来的，"和风细雨"式的舆论监督往往让官员形成"媒体可控"的依赖心理与对舆论场的集体无意识。从总体上看，有些领导干部媒介素养不高，欠缺新闻公关礼仪知识，在与媒体打交道时常常会因态度、方法

直击人心：社交媒体时代新闻发布与媒体关系管理

等失当而造成一些不必要的冲突和纠纷，也经常因为官僚化话语而陷入舆论漩涡。有的领导干部还习惯于用命令和打招呼的形式来对待媒体，总以为可以通过行政管理途径来压制媒体报道，结果是封、堵了主流媒体，却往往被网络突破防线曝光出来，弄得舆情汹涌。遇到要害性问题，避重就轻，甚至干脆回避，只谈积极面，避而不谈消极面；面对质疑和诘问，不能冷静对待，甚至态度傲慢，指责媒体。在回答记者问题时表达失当，或者口径不一，自相矛盾，让人莫衷一是；或者答以"无可奉告"，冰冷拒之；或者使用内宣语言，平添理解难度。最恶劣的，就是出言不逊，甚至出口伤人。官员们表态生硬，对道歉的用词过于吝啬，本来要与舆论沟通，说出的话却像把通道越堵越死的沙包，致使党和政府的形象和公信力屡屡"蒙羞""受伤"。对互联网存在不同程度的畏惧与畏难心理，是当前干部群体中较为突出的问题。

《瞭望》杂志曾对重庆1000多名领导干部的调查显示，他们在与网民交流沟通时，21%的人担心说错话表错态，42%不能接受"网民的谩骂和嘲讽"，12.6%担心"被当面举报和质疑而难堪"。在现实生活中，一些领导干部还不适应新媒体监督，缺乏包容意识，一旦监督到自己头上，便如临大敌，条件反射似的认为别人是在"找麻烦""挑刺儿"。有的对批评报道的内容进行反调查，然后拿出对自己有利的"结论"，指责批评报道内容失实；有的调动各种关系，向新闻单位或施加压力，或苦苦求情，或许以好处，使批评报道不能见诸媒体等。这种与新媒体传播规律不符的方法，有时会引发党群之间的隔阂与冲突。即使是党委政府相关部门的新闻发言人，也存在着不敢说、不会说的现象，突发事件发生时面临媒体和公众的质疑难以有效驾驭场面，甚至说的话错漏百出，激起民愤。

第三章
社交媒体时代的媒体关系管理至关重要

5. 对新媒体的运用停留在形式上

上面微博开房局长的例子就是其中最具体的表现之一。面对快速发展的新生事物，某些领导干部不能够正确认识新媒体、新传播方式对舆论引导工作的调整，对新媒体的运用还未能完全适应形势发展的需求。一些地方党政干部并不知道新媒体时代的政治生态已发生变化，不了解网络时代民众的权利意识日渐高涨，参与方式更加灵活，使得网上舆论引导工作与网上舆论形势的发展还不适应。

纵观全国政务网站数量虽然不少，但是几乎是一个模式，栏目设置大体相同，没有形成特色，点击率不高，离强势媒体的要求还有一定的距离。有些地方党委政府的门户网站，更新速度不快，还属于"名片型"，甚至处于"沉睡"状态，成了形同虚设的道具。各地各部门开辟的书记市长留言板、"政民互动""意见投诉"等栏目，不时地会出现的"推诿扯皮""踢皮球"的现象和"文不对题""千篇一律"的官僚式答复，党委政府管理部门与网民就重大社会问题的互动远没有达到网民满足的程度，无法满足公众的全面知情权，不能及时回应不断出现的各种质疑。"主流媒体建立的新闻网站普遍存在体制不活、人才缺乏、融资困难等问题，与商业网站相比，在争夺网民、抢占舆论新阵地中还处于劣势地位，社会影响力相对较弱。"

部分党员干部不重视新媒体的建设和运用，对网络舆论引导规律的认识还不够深，把握网络舆论规律的能力还不够强，习惯以对待传统媒体的心态和方式来对待开放度、自由度、便捷性、互动性极高的新兴网络媒体，在官本位造成的权力意识影响下产生出一种"网络可控"的侥幸心理和虚妄的舆论安全感，把网站等当作摆设，使用博客、微博、QQ等新兴即时传播工具作秀的成分大于实质意义，致使舆论引导工作方式相对滞后，工作形式单一、手段途径缺失、内容陈旧。

近来，各地政府部门的官方微博和政务微信等如雨后春笋般涌现，"织围脖""发微信"成了政府部门聆听坊间民意的选择。但和网友追捧相比，却是政府将微博微信作为宣扬自己的战场，更多停留在发布服务信息，内容过于简单，流于形式，被质疑为新的"网络作秀"。近年来，由于对网民的利益诉求和情绪变化反应迟钝，被网络舆论牵制而丧失主动权的事件时有发生，而在突发事件处置过程中，由于缺少主动应对网络舆论的意识和经验，也不时地处于"被动挨打，步步被骂"的尴尬境地。一些地方和部门在舆论引导上，则有"懒政"做派。看到批评政府官员的言论，就禁；查到政论激烈的帖子，就封；对民众的怨气一味地堵；对于应承担责任的工作失误，要么瞒报实情，要么避实就虚以躲避责任……

6. 传统主流媒体与新兴媒体之间的互动融合程度低

新老媒体融合已经成为不可抵挡的趋势，二者之间的互动融合可以整合信息与受众资源，改善和优化受众结构，形成舆论引导合力。当前我国社会舆情热点几乎都是在新老媒体双重作用和交互传递下形成的，并不断放大影响。但从实践上看，传统主流媒体不管在表达的途径、热点主题还是话语表达方面，与民间的舆论场都有很大的不同，与媒体分众化、对象化的发展趋势不相契合，存在着传统媒体舆论与网络舆论的"两张皮"现象，二者之间的对接不顺畅，甚至对峙和分歧越来越大。虽然，我国许多地方和相关部门都已经着手推动电视台、电台、报社向新媒体领域进军，形成台报与网络相融合的新格局，但新媒体之间的互动融合还处于浅层次、表面化的状态，简单化、形式化的互动造成了内容同质化，主流媒体舆论场并没有很好地打通民间舆论场，导致我国新闻舆论对于社会舆论的引导能力不足。

第三章
社交媒体时代的媒体关系管理至关重要

第四节　媒体关系的观念误区

一、防火、防盗、防记者

"防火、防盗、防记者"曾经是句调侃新闻记者的俗语，但随着媒体舆论监督范围和深度的不断拓展，这句话又几乎成为记者现实"遭遇"的真实写照。个别地方官员违法乱纪以权谋私，媒体一监督，败露了，事情搅黄不说，责任人还得受惩处；个别地方领导掩盖问题搪塞卸责，你一监督，问题曝光了，相关人员偷鸡不成反蚀米；个别地方公务员松松垮垮吊儿郎当，你一监督，群众骂上边查，舒服日子没了，从此勤政为民不敢懈怠。记者"坏了"那么多人的那么多"好事"，必然会在部分地方领导心目中形成"阴影"：好事不一定能出门，坏事却传千里，能不接触记者就不接触，能躲着记者就躲着记者，而越躲着越给记者造成一种"欲盖弥彰""没问题你躲着我干嘛"的刻板认知，造成互相防备的新闻采访尴尬现实。

图5　防火防盗防记者的漫画图

二、酒香不怕巷子深、身正不怕影子斜

现在是一个注意力资源主导的时代,是一个要善于借助网络和自媒体平台自我营销的时代,更是一个网红的时代,某种意义上是一个"说比做更加重要"的时代,传统认知的酒香不怕巷子深的时代已经结束了,现在反而是"酒香就怕巷子深",就怕你不会吆喝的时代,信息的多元与富集化使得大量信息成为冗余信息,如何从众多驳杂的信息中脱颖而出是许多组织需要思考的重要问题。一些地方政府登陆央视午间新闻之后的广告时段进行地方形象宣传的确是一个很好的尝试,真切地促进了地方旅游产业和名气的提升,甚至个别地方政府为了争夺所谓的历史景点和历史名称而"大打出手",如 2016 年清明时节,山西汾阳、安徽池州、湖北麻城三地为争夺"杏花村"的归属而"对簿公堂"。

第二个错误认识是身正不怕影子斜,认为自己"问心无愧",不管媒体如何炒作报道,"我自岿然不动",这种逻辑很容易造成民众和媒体的一个错误认识:"你心里有鬼你当然不敢出面解释啊",然后戴着"有色"眼镜继续挑刺,不找到问题誓不罢休,加上地方政府目前的治理能力有待提升,即使媒体关注的这方面没问题,但其他方面的问题有可能被发现,这也是地方政府目前"衍生舆情""搭便车舆情"层出不穷的重要原因之一。

三、对媒体和记者进行利益输送就能搞定舆论监督

车马费和软文稿件是新闻媒体圈的一些潜规则,因此很容易给地方政府和官员造成一种虚妄的感觉:出钱了就能把事情搞定,但这里有个基本前提是,媒体是来"锦上添花"的,是在没有危机发生时大家过来

第三章
社交媒体时代的媒体关系管理至关重要

"捧场"的,而一旦发生了危机事件,各类媒体蜂拥而来,不是简单地用"车马费"所能搞定的。另外,即使都能搞定,也容易造成"照顾不周""分钱不均",最终引起衍生舆情灾害,如2002年山西省繁峙县发生特大爆炸事故,38名金矿矿工不幸罹难,11名新闻记者在采访事故过程中收受当地有关负责人及非法矿主贿送的现金、金元宝,但事件的暴露据知情人说是由于个别媒体记者对当地政府区别对待发放"封口费"的行为感到不满。

第五节 必须客观了解记者职业

记者作为一个职业,是从事这个职业的工作人员得以谋生的手段,因此,首先要了解记者真正想要的是什么,记者采访行为的最终目的都是希望有回音,希望能够得到相关部门的任何回应,希望报道中引用一些相关人士的观点和评论。因此如果以无可奉告敷衍了事极有可能使记者带有情绪地从事新闻报道工作。并且编辑记者的生活和工作状态并不轻松,用业界的话形容"睡得比狗晚、起得比鸡早、吃得比猪差、老得比谁都快",再加上职业认同由于新媒体的冲击而不断降低,这些都影响到了记者的工作状态。

记者喜好在新闻报道中"初级审判"。虽然在新闻专业主义视角下记者需要保持客观和理性,但实际的运作中他们的经验和获取的信息将会影响到报道取向,一个主要表现就是记者喜欢在新闻报道中做"初级审判",对新闻的是非曲直首先做个判断,然后将这种判断植入新闻稿件的写作中,进而影响到受众对这一事件的观感,形成潜移默化的影响,如近几年新闻媒体报道中出现的"词媒体"流行的情况,新闻媒体对事件贴上标签和价值赋予后,整个事件就成为热点事件。另外,记者喜欢在每一篇报道中寻找戏剧性情节,这是新闻媒体吸引受众眼球的主要手段之一,也是新闻写作取向中很重要的分支之一,新闻写作一直有两个取向:一是客观真实写作,即新闻专业主义,二是可以用文学创作的手法对报道内容进行渲染,即新新闻主义,虽然丰富了新闻写作的视角,却彻底抛弃了对新闻报道客观性的追求,在《华盛顿邮报》记者因虚构新闻人物而被收回已颁发的普利策奖后,新新闻主义最终受到激烈批判而退出主流新闻报道领域,但这种取向一直能够吸引受众猎奇的眼球,至今还在很多报道中存在。

新闻媒体报道的质量远比数量重要,并非所有的报道效果都一样。个别政府或企业经常追求新闻报道的数量和级别,重视数量而不是报道的质量,每次搞活动请来一帮记者,新闻通稿发给各个记者,活动的第二天一样的报道到处都是,有数量规模上的效应,也可以给领导交差了,但大多是车马费换来的,实际效果微乎其微,根本没有达到传播的目的,因此数十篇单调乏味的报道都不如一篇能够引起社会效应的质量高的报道。同时,第一篇报道将影响随后的一大批报道,花费时间来保护和管理至关重要的第一篇报道绝对值得。

大小媒体要一视同仁。如果对不同媒体区别对待,极有可能造成"小"媒体记者的心理不平衡,进而产成衍生舆情灾害。同时,对地方政府和组织来说,要弄清楚对新闻报道的承受极限,一是不能够相信媒体报道是宣传手册和宣传部门,永远不要相信媒体是可控的,要有危机意识;二是不可有"新闻洁癖",认为所有对本部门和本组织的报道都必须是正面的,有时一两篇负面报道比纯粹的正面报道更令人信服,准确比吹捧更有效。

第四章
社交媒体时代的日常媒体关系管理

第四章
社交媒体时代的日常媒体关系管理

第一节 案例导入：浙江镇干部"推记者进水塘"

图 6 浙江镇干部"推记者进水塘"

2012 年 8 月 15 日，移沿山村养殖户杨水江鱼塘大面积死鱼，杨水江求助浙江经视频道。下午 2 点，该频道记者前往八里店镇现代农业综合服务中心采访。据目击者描述与视频资料，采访途中，八里店镇党委副书记试图阻挠记者拍摄，双方发生争执。养殖户家属称，包括副书记在内的多名镇政府工作人员要求摄像记者停止拍摄，并上前抢夺摄像机，争执地点从大厅推搡至门外操场。操场外 10 米是一处水塘。据鱼塘养殖户杨水江称，

直击人心：社交媒体时代新闻发布与媒体关系管理

四五个政府工作人员拉扯记者、抢夺摄像机，摄像记者紧抱器材被推入水塘。副书记接受浙江经视采访时称，是摄像记者自己滑进水塘。

官员阻挠记者采访的原因何在？刻意回避新闻报道的背后暴露干部自身怎样的问题？网友"凤城泽瑞"在帖文中写道，"该镇副书记如同大难临头的'惊弓之鸟'，表现得异常排斥和狂躁，莫非'此地无银三百两'，背后暗藏着不为人知的猫腻？"网友"浥河人家"也说道，"只要行得端、走得正，我们又何必害怕媒体的'攻击'呢？'身正不怕影子歪'，又何必害怕媒体来'揭短'呢？"

网友"张青山"在评论这一事件时分析道，"首先，八里店镇党委副书记阻挠记者采访体现出基层干部'防火防盗防记者'，唯恐记者将本地的一些事情曝光的心理；其次，在'人人都有麦克风、人人都有话语权'的自媒体时代，该事件暴露出基层官员缺乏如何应对媒体、应对记者的素质；另外，像这样的基层官员，在面对记者时，特别是在遇到一些突发事件时，不够冷静，会无意中将平时工作中的粗鲁作风暴露出来，做出与领导干部身份不符的过激行为。最后，基层官员在面对新闻记者时的蛮横态度也在这一事件中得以暴露，他们横到不可理喻，横到令人啼笑皆非。"

网友"浥河人家"分析道，"有些问题之所以变得敏感，使政府陷于被动，让一些领导干部如临大敌，不是问题本身有多麻烦或易成为不稳定因素，而在于领导干部的'恐媒症'，在于政府的刻意遮掩。越讳莫如深，越会给公众传播'干部在说谎，政府想瞒报真相'的恶劣暗示，越可能强化社会'其中必有见不得阳光的利益'的印象，于是就成了敏感问题。"

网友"凤城泽瑞"也谈道，"面对突发事件，一些地方官员总是手足无措。面对媒体，也总是防范的、消极的、被动的，不懂得如何处理与新闻媒体的关系，要么'横加干涉'，要么'置之不理'，这些不理智的行为，只会使自己陷入舆论讨伐、公信力降低的危机之中。"

第四章
社交媒体时代的日常媒体关系管理

第二节 日常工作新闻点的选择

一、让媒体主动传播的秘诀

新闻媒体的版面和时段等资源是有限的，尤其是注意力资源越来越成为稀缺性资源的时代，如何让媒体主动进行传播成为政府部门、企业组织和个人的重要话题。

(一) 跟踪政策导向

新闻媒体是当前舆论阵地的中坚力量，肩负传导社会主流价值观和引导社会民意的重要责任，对政策发展趋势等方面也承担着传达和诠释等职责，因此应该将本部门的相关工作重点紧密与当前的政策导向进行有机组合，紧跟国家政策的部署，将本部门的工作紧靠政策导向，切中管理部门的工作重点，这样新闻媒体才愿意进行报道，借助政策导向的"东风"宣传本部门和本组织。如某基层组织部门将自己的工作与该市争创全国文明城市的政策导向紧密结合，邀请新闻媒体记者采访，不仅安排了整版报道，而且还被作为先进典型加以塑造，达到了事半功倍的效果。

(二) 抓住媒体宣传热点

新闻媒体在不同的宣传时期会有不同的新闻传播与舆论引导任务，即

"宣传热点",如何利用好媒体的宣传热点,将自己本职工作与媒体的中心工作有机结合也是让媒体主动传播的秘诀之一。由于各部门的本职工作多是从自身部门的角度进行展开,而媒体则是从媒体的视角考虑新闻宣传,很容易造成基层部门想要表达、传播的,媒体不感兴趣,因此要做到有机结合和有效传播。

(三)关注重大时事事件

重大敏感事件往往具有高关注度、高转发度等特点,如何借"重大事件"的东风宣传本部门的相关工作与任务,也是让媒体主动积极传播本部门工作的秘诀之一。这具有"事件营销"的意味,尤其是在目前网红时代,善于借势、借事件进行自我营销才对年轻人胃口,因为现在的年轻人青春期正处于中国互联网兴起的时代,是在一个相对自由的氛围里成长的。只有他们真正感兴趣的事件,与他们形成真正的互动,才能吸引他们的眼球。如河南省实验中学的一位女心理教师,写了一封辞职信,信上就10个字:"世界那么大,我想去看看",引起了网民的极大关注,各旅游网站纷纷推出类似于"世界这么大,我带你去看看"等营销口号,获得了大家的认可和病毒式二次转发和传播。

(四)自己制造新闻点

在真实和不损害公众利益的前提下,有计划地策划、组织、举行和利用具有新闻价值的活动,通过制造有"热点新闻效应"的事件吸引媒体和社会公众的兴趣和注意,以达到提高社会知名度、塑造组织良好形

第四章
社交媒体时代的日常媒体关系管理

象的目的,这种行为是可行的,但需要注意度,如2013年3月4日,长春一辆私家车被盗,同时被盗的还有放在车后座上一个出生仅两个月的男婴。车主报警之后,消息在微博上迅速流传开来,随后获悉失窃婴儿惨死荒郊,众多网友愤怒、悲伤、叹息。但6日晚,@辽宁天和别克官方微博却发表了一条借此事件推广旗下车型具有良好防盗性能的微博,引来网民几乎一边倒的骂声,甚至有人呼吁网民转向线下报复行动。虽然该公司官方微博后来发表道歉声明,但对此事件的负面影响已回天乏力。毫无疑问,汽车企业借助社会热点进行事件营销,夸大知名度本身并没有错,但此次这家公司借助长春"304案"进行生硬的广告宣传,伤害的不仅仅是受害者家属的感情,更触及广大网友的脆弱神经,同时,也让其品牌美誉度和公众形象大打折扣。

(五)给最合适的记者以独特的内容

目前的新闻媒体依然还是延续"跑口"的形式,分为文化记者、体育记者、时政记者等,不同的记者负责不同的内容采访,一般不会存在"错口"报道的情况发生,因此一定要明确自己部门所属的对口记者是哪些。二是注意给合适的记者以独特的内容,目前很多组织依靠一篇通稿打遍全天下的时代已经结束,记者出于新闻竞争的需要,也希望找些有趣的充满戏剧性的内容,而不是为了宣传目的的"大路货",这样会造成记者对新闻内容简单化处理,想要表达的没表达完全,最终很多宣传机会被白白流失掉。

（六）新瓶装旧酒

许多组织和部门的活动是每年都有的，很难做到内容上创新，需要进行"新瓶"的创新，概括来说"新瓶"的打造主要有两种方式：一是形式上的创新，强调创意和互动，不可每年按部就班地像完成例行任务一样；二是善于"扯大旗、拉虎皮"，即将自己的活动与当下最热的专项活动和流行口号有机地结合起来，既提升了活动本身的政治意义和社会价值，又使得该活动和往年区分开来。

（七）利用好新闻淡季

对新闻媒体来说，每到7月、8月和9月三个月，便"进入新闻淡季"，并不是说新闻不多，而是主要表现为好的稿源不足，无论是稿件的质量，还是数量，都比其他月份明显减少。究其原因不外是这三个月为高温季节，一些记者、通讯员有怕苦怕累怕热的思想，采访不深入，自然也就写不出好的稿件来，有的新闻线索则干脆放弃，这样一来版面上代之的是相当一部分内容较平淡的报道。其实新闻与商品销售是不同的，本不该有什么"新闻淡季"。因此，要善于利用新闻淡季，多组织对自己有利的稿件，寻找合适的新闻记者，来占据相对于其他时间寸土寸金的版面和播出时段。

（八）聘请媒体内有影响力的人士担当媒体顾问

春江水暖鸭先知，对新闻职业和新闻运作最为了解的是一线的工作人员，可以考虑定期组织新闻务虚会，聘请媒体内有影响力的人士担当媒体

第四章
社交媒体时代的日常媒体关系管理

顾问,考虑重建新闻通讯员队伍,将新闻渠道扩大化,从而做到有备无患,如2011年腾讯与360科技公司展开3Q大战,腾讯作为一家科技公司一直专心进行市场拓展和经济利益提升,忽视了自身品牌建设,3Q大战后,腾讯才意识到品牌建设的重要性,主要采取了两大措施:一是在当年推出的《弹指间心无间》的系列广告,分为"亲情篇""兄弟篇""爱情篇",通过温情路线,提升用户心目中腾讯为中国情感沟通所做出的巨大贡献,以期挽回3Q大战带给自己的不利影响;二是定期召开"诊断腾讯"的闭门研讨会,2011年3月召开研讨会探讨3Q大战中腾讯的对与错,主题包括了公众最为关注的腾讯的三个痛点——3Q大战中腾讯的对与错、垄断与开放、山寨与创新。腾讯邀请业内名人为其发展出谋划策。3Q大战让腾讯上下震动,马化腾誓言转型。马化腾曾宣称,腾讯公司将步入为期半年的战略转型筹备期,转型办法就是广泛听取社会各界包括意见领袖的建议、忠告和批评,转型的原则是开放和分享。因此,组织要善于借用"外脑",搭建自己的媒介专家团队,定期召开品牌诊断会,提升品牌的自信度。

(九)发生危机时也正是免费宣传的好时机

"危机"两个字,一个意味着危险,另外一个意味着机会,因此不要放弃任何一次努力。美国前总统尼克松也曾说过:"汉字用两个字符来书写Crisis(危机)这个单词。'危'字代表着危险的意思;'机'字则代表着机会的意思。身处危机中,意识到危险的同时,不要忽略机会的存在。"心理学家也认为,"危险"是指对人构成威胁、让人产生畏惧、惊恐等不良情绪反应的人或事。用认知心理学的观点分析,"危险"的可怕不在于危险本身,而在于人们对危险的认知。如同样站在10米跳台上,训练有素的跳水运动员可以轻松地做出复杂动作后入水;而对于患有恐高症的人来说,光是走上10米跳台的过程都让他两腿发软。因此面对危险，首先要提醒自己——危险，并没有想象的那样可怕。"危险"让人恐惧之处还在于它往往与失败、挫折、受伤等负面情绪紧密相连，必须时刻牢记"危机＝危险＋机会"。

比较典型的例子是2011年的会理悬浮门事件。2011年6月26日20：56，网名为"jiaoao592"的网友在天涯社区发了名为《太假了！我县的宣传图片》的帖子。帖子同时附上后来被称为"悬浮一代"的图片，以及会理县政府网站网址。很快，会理县政府网站瘫痪，和大多数地方政府网站类似，会理县官网平时少人问津，能承受的最大同时访问量不过千余人左右。网民们的PS热情被激活，众多兴奋的网民各施所能，"欢快地"将县长李宁一、副县长唐晓兵等"会理三杰"PS到世界各地，有侏罗纪版、月球版、AV拍摄现场版等。爆料帖出现当晚，即被当地舆情监测系统注意到。但由于时间太晚，加上网站瘫痪，会理县相关部门没有当即做出回应。网站端无法访问引发诸多猜测。网友和媒体最关心的问题主要有两个：一是县领导是否真的到了现场视察，因为图片造假很容易让人联想到领导未去现场；二是网站无法访问是不是会理县政府有意回避关闭了网站。27日下午5点左右，会理县在其官方网站上挂出了一份《向网络媒体、各位网友致歉信》，但因为外部无法访问而无法看到。17：20，会理县政府在最早爆料的天涯社区进行解释。18：27，开通官方微博（http：//weibo.com/2203793661）进行道歉。从出现起，就带"V"，即通过实名认证。道歉信被大量网友转发，跟帖评论也很多。真相浮现，因为态度诚恳，没有推诿，对会理县的指责声渐渐平息。

> 由于我县工作人员的失误，在政府网站上发表了一张PS过的照片，他对于新闻真实性的理解有误，使得我县在网络上受到了更多的关注。在此，会理县政府对于广大网友的关注表示理解，并希望对此事道歉，并澄清。
>
> 6月27日 18:24 来自新浪微博　　　　　　　转发(500) | 收藏 | 评论(520)

图7　会理县政府认证官微道歉信

不过，故事并没有完。因为，会理“火”了。6 月 27 日 18：40 县政府官微贴出原照片。

分享图片，此处为被PS的、领导考察现场的原图，欢迎网友们批评指正，感谢网友们的关注和批评，今后我们会在工作中以此为鉴，更为谨慎努力地工作。

6月27日 18:40 来自新浪微博　　转发(18086) | 收藏 | 评论(8237)

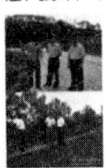

图 8　会理县政府官微贴出领导调研的原图

道歉当晚，ID 为“会理县孙正东”的微博，几乎同时出现。在道歉信中，他是“悬浮照”的制造者。在贴出与官微内容相同的致歉信后，“孙正东”开始了令人击节的表演。

分享图片：会理县政府“领导照片事件”当事人道歉声明。

收起 | 查看大图 | 向左转 | 向右转

致 歉 信

尊敬的各有关网络媒体、各位网友：

我是会理县政府办的一名工作人员，根据安排，我于6月15日下午跟随县长李宁一到黎溪工业园检查通乡公路建设和烤烟生产等工作，在黎溪工业园黎洪乡与先到的副县长唐晓兵一行会合，当晚9点来钟才返回县上。按照政府网站信息宣传需要，工作中我拍摄了一些领导工作照片用于图文信息宣传。2011年6月16日，在政府网站刊载信息时使用了3张照片，由于1张照片有光照、角度、背景杂乱等效果不佳的问题，故在使用时对该张照片做了拼接、修改，造成照片失真，带来了不良反应和影响。

在此我谨向各有关网络媒体和广大网友表示深深的歉意，恳请谅解，并保证在今后的工作中绝不再发生类似情况。

孙正东
二〇一一年六月二十七日

@四川省会理县政府
weibo.com/2203793661

6月27日 18:27 来自新浪微博　　转发(2087) | 收藏 | 评论(1755)

图 9　会理县新闻办工作人员以个人名义挂出的致歉信

直击人心：社交媒体时代新闻发布与媒体关系管理

孙正东在微博中表示"本人近段时间，将闭门苦练 PS 技术，欢迎大家指导"，还说"听说 PS 还在继续，会理领导表示鸭梨很大。他们不仅要长时间保持同一姿势处于飘浮状态、还要全球各地的跑、有时甚至还得穿越去参加开国大典什么的，很忙很累的有木有？！麻烦各位大侠放下鼠标，高抬贵手，别再玩了。那些执迷不悟的'顽固分子'，悄悄提醒下，小心领导组织拆迁办去你家拆电脑哦。"见"警告"无效，孙正东又开始"感谢全国热心网友，让会理县领导有机会在短短的时间内免费'周游世界'，'旅行'归来后，领导已回到正常的工作轨道，也希望网友把关注的焦点，转移到会理这座古城上来。会理是座有着两千多年历史文化的古城，也是古南方丝绸之路的重镇，看看@阿卓志鸿镜头下的美丽的会理吧，绝对没有 PS 哦。"该微博成为迄今微博中带有"会理"关键词的转发量和评论量最大的单条微博，对舆论的逆转有较大作用。6 月 29 日，官微开始推介会理的旅游资源，并主动提及登出的当地风景照"未 PS"。

图 10 会理县政府官微的旅游宣传微博

上述微博很快便有了上万次的转发评论，评论几乎是一边倒地褒扬之声。央视著名主持人张泉灵在微博上写道："PS 事件既让大家欢乐了，又展示了网友强大的 PS 能力；既让大家讨论了对新闻真实性的看法，又增

第四章
社交媒体时代的日常媒体关系管理

加了会理县的知名度;既展示了会理县应对网络事件的态度和能力,又涌现出情商智商双高的孙正东同学。我几乎要认为这是最近最成功的网络公关事件了。"把一件坏事搞成了很好的营销,仅用了不到48小时,作为"领导悬浮视察照"的始作俑者,四川省会理县便成功地化解了汹涌的舆情危机,并借机推介起当地旅游资源,完成了一次漂亮的"逆转"。这完全超出了地方政府应对舆情危机的"正常"套路。与同样陷入舆论风波不能自拔的中国红十字会相比,这个偏居四川最南端的小县城,所表现出来的情商和智商,堪称一流。

第三节 新闻通稿的基本写作要领

一、新闻通稿写作存在的问题

(一)过于强调领导,缺乏人文关怀

2014年12月15日零时20分左右,河南新乡长垣县蒲东街道皇冠KTV发生火灾。在当地政府网站上,有两则关于火灾的报道:第一篇为《我县一家KTV发生火灾》,该篇报道只有126个汉字,其中讲述当地县领导如何高度重视、亲自到现场指挥内容的文字数量,占到了74个;第二篇为《我县全力做好皇冠KTV火灾事故处置工作》,这篇报道共有9行文字,其中有8行内容是讲当地县领导如何处置火灾事故的,8行中有4行是当地县领导的讲话要点。

又如,哈尔滨市公安局官方微博"平安哈尔滨"2015年1月3日凌

直击人心：社交媒体时代新闻发布与媒体关系管理

晨 4：25 发布消息，公布"哈尔滨市道外区太古街 727 号库房火灾基本情况"，585 字通报中突出领导重视的字数 258 字，占了一半。

2013 年 2 月 1 日，河南连霍高速义昌大桥爆炸垮塌事故致 9 死 13 伤。事故发生当日，大河网刊发了一篇新闻稿——《连霍高速义昌大桥发生垮塌事故省市组织抢险救援》。报道共 1300 余字，提到 16 位省市领导的重视，1134 字表扬河南省委省政府如何辛苦工作，新京报梳理发现，文中没出现一次伤亡人员或家属名字，没家属一滴眼泪。报道中有 25 处褒扬语，如迅速、立即、有序、精干、全力以赴、难度很大、全力救援。

因此，有网友总结出灾难报道的八股文：领导高度重视、第一时间赶赴现场、做出重要批示、启动应急预案、全力救治伤员、现场指挥调度、搜救基本结束、原因正在调查、工作有序进行。无论发生什么样的大灾大难，在突发新闻时，只要记住了这些高频词和套路，再改一下时间、地点、人物、伤亡数字，一篇灾难报道完成。如果要出彩，还要找一些形容词和副词来润色，如迅速、紧张有序、难度很大、全力救援等。有网友总结为这是一种"灾难美学"的写作方法和手段。正如网友@一粟沧桑所说："我已经厌恶了某某领导，某某部门所谓的高度关注、高度重视。我想问的是，在这些事故发生之前，我们的某某领导，某某部门责任落实了吗？管理到位了吗？当每一次灾难事故发生，有多少是可以避免的？有多少是监管的不到位，相关领导部门的失职。"网友认为"领导重视"的潜台词或许是"百姓放心吧，领导一定会给大家一个交代"，但事实上，不少"领导重视"之后并没有带来对真相的权威调查和结论、对责任的追究、对杜绝此类事故的反思，而往往仅是重视救援，并且对救援成果敲锣打鼓地宣传。

第四章
社交媒体时代的日常媒体关系管理

（二）画蛇添足造成衍生舆情灾害

2015年8月31日23时22分，山东东营市利津县刁口乡滨源化学有限公司发生爆燃，截至次日4时20分，明火已扑灭。9月1日上午10时，山东省东营市利津县委员会宣传部官方微博发布消息，8月31日23时22分许，利津县刁口乡滨源化学有限公司发生爆燃，造成一人死亡。事故发生后，当地环保部门立即启动应急响应措施，安排专业人员布点对环境空气质量进行检测。截至1日8时，环境空气稳定达标，事故废水得到封堵，未发生外溢。按理说事情已经告一段落，但很快因为一篇新闻通稿的出现打破了本来已经沉寂的舆情关注。

9月5日，该事故已造成13人死亡，搜救工作也基本结束。尽管事件渐渐平熄，但是东营市政府对该事故的一份通报却引起了公众和媒体的关注。

图11　8.31着火爆炸事故的新闻通稿[①]

该通报发出后，有网友质疑"遇难者亲属情绪稳定"是否属实，"亲人

---

① 通报原版本，红色下画线为后来删掉的语句。

身体都被炸成碎片了情绪还能稳定吗？"有网友表示："这句话毫无意义，失去亲人后谁还能情绪稳定？"也有媒体对该份通报中的言辞表示震惊，尤其是"部分死亡人员遗体爆炸时形成碎片"等语句，改动后的通报中，东营市政府把原通报中"没有再发现新的失联人员。由于现场泄漏的化学品情况复杂，部分死亡人员遗体爆炸时形成碎片，查找比对工作较为困难，持续过程较长"删除，但"遇难者亲属情绪稳定"仍保留在文中，其余的内容未做改动。

"家属情绪稳定"这六个字已成为个别地方政府各种事故报道的通用结束语。北京青年报指出，官方动辄宣布伤者、死者家属"情绪稳定"，是对伤者、死者家属的正常感情的曲解误读，也是对伤者、死者家属的心灵伤害。在这些部门和官员眼里，事故发生后最要紧的工作就是维护稳定，就是要采取各种措施，让伤者、死者家属"情绪稳定"，避免因伤者、死者家属"情绪不稳定"影响当地社会稳定。"家属情绪稳定"之说的泛滥，是相关部门缺乏人文关怀的一种写照。

（三）新闻稿的一些禁忌

一是新闻通稿的结构固定，一般是一段导语＋一段新闻主体＋一段背景材料，基本上没有太多的变化。三段内容基本上是导语很短，新闻主体很长，背景材料也很长，很像不倒翁的写作结构。在目前信息消费越来越追求简短的话语表达下，很少有人愿意看这么冗长的内容。

二是把通稿写成政府公文，大量的通稿是用"随着"两个字开篇的。用得较多的公文语言模式还有，喜欢用"该"，喜欢用"第一……第二……第三……"，喜欢用"一是……二是……三是……"，最终写成类似于政府报告或政府公文，或者直接根据领导的讲话来进行修改，新闻稿变成了发

第四章
社交媒体时代的日常媒体关系管理

言稿和散文稿，读起来让人觉得索然无味，"又臭又长"，在目前信息大量冗余的时代基本无人问津。

三是专业语言汇编成通稿。有些部门属于专业性很强的部门，如卫生部门、环境部门和交通部门，其会使用专业化的词汇表达，这些词汇具有专业性和话语垄断性，公众看了不知所谓，如 PM2.5 最早出现时，公众不知道是何物，后来经过网络意见领袖和媒体等的普及，公众才对其危害等有所了解。包括每年春夏之交容易出现的一系列流感病毒，公众并不明白病毒的病理基础，新闻通稿的写作却主要从自身角度出发，不顾及公众是否知晓，最终的新闻通稿写成了学术通稿。

四是没有细节的新闻通稿。新闻通稿写作必须注重细节，细节是讲好故事的基础，目前的新闻传播到了"讲好故事"的时代，传播的是有温度有温情的新闻，必须改变传统的说教式的新闻宣传，新闻写作是一门选择事实的艺术，也是一门讲故事的艺术，在讲故事的过程中透露出人文关怀。如有些央企做了大量公益活动，每年投入几千万的项目经费，受益的人数也不在少数，但媒体的报道却少之又少，一个主要原因就是新闻媒体在报道时重在数字，强调多少人受益、多少经费投入，只见数据不见人，缺乏人文关怀，只唯上的新闻宣传策略造成了公益投入成为沉没成本，如果换个思路，通过公益活动中一个被资助对象的生活变化和成长，凸显出公益活动的价值，这种讲故事的方式更能被公众认可。

二、新闻稿写作的基本要点

（一）5W 必须要有

5W 是指信息传播过程的五个基本构成要素，即谁（who）、说什么

（what）、通过什么渠道（in which channel）、对谁说（to whom）、取得什么效果（with what effect），可以引申到新闻稿的写作中，即一个基本的新闻稿必须包括这五个要素：何事、何人、何时、何地、何因，大量新闻稿写作缺少以上五个要素，尤其是会议报道中只是强调了何人、何时和何地，而忽视价值和意义。

（二）要有极具吸引力的标题

标题越来越成为信息快餐化消费阅读的第一道主菜，有相关研究发现，受众对标题的阅读是正文的五倍，因此一个好的标题可以起到抓人眼球的效果，如何写出比较有吸引力的标题，主要有以下几种做法。

一是建立"好奇心的缺口"，简单地说，就是文章的标题一定要能引起读者强烈的好奇心，点进来后又能耐心地读完整篇文章。标题太含糊，读者没兴趣。标题太具体，读者可能已经预料到整个故事的内容。

二是多用数字，大脑会更容易理解，BuzzFeed（美国新闻聚合网站）完美地诠释了文章摘要是多么重要。我们面对着大量的内容但是苦于没时间阅读全部文章，考虑到这一点，摘要的重要性也就不言而喻了。Takipi（一个云端软件管理服务）研究发现，如果能在标题中有效地运用数字，那么特殊形式的数字更容易被分享。比如说，同样是"10种方法来……"，你应该用"10种"，而不是"十种"，这项分析称如果标题中有较高的数值（如"100种……的方法"），或是标题以数字开头，那文章被分享的次数会更多。

三是起一个罕见的题目，Takipi团队分析了大量的科技类博文，试图研究出在社交媒体上哪些文章被分享的次数较多，以及它们有什么共

第四章
社交媒体时代的日常媒体关系管理

同点,最终发现如果在标题中使用消极、阴暗或有侵略性的词语,那文章被分享的次数会更多,比如说,相比包含"做"和"开始"等字样的标题,"不""没有"和"停止"这样的字眼可能给文章带来更多的分享量。另一方面,有侵略性的或是听起来有点暴力的词语也会起到鼓励人们分享的作用。例如,像"杀死""死亡"和"恐惧"这样的词也更容易被分享。

四是公告不可能受欢迎(要把它们变成故事来讲),公告一般都很枯燥,但可以把公告变成故事。有一个例子可以非常好地诠释这一点。Buffer宣布用户已经达到100万时,没有采用公告的方式,而是用图片和重要事件把Buffer的整个历程拼接成一个故事。实际上讲故事是激活我们大脑最有效的方式。当别人听你的故事时,你可以带领他们去感受你在某种情境下的某种情感。听一个人讲述他的经历时,大脑内相同的情感区域被激活了。

五是要了解谁在读你的文章,然后投其所好,Upworthy发现中年女性是网上最大的分享群体。如果你想要文章被分享的次数更多,那就要努力把她们拉到你的阵营中。这就意味着要尽量避免说术语和俚语,选择简单的词语,说简短的句子,再少些咒骂类的词语。在写文章或是修改题目的时候,别忘了你的读者,还有他们的态度,以及他们期待读到什么内容。

六是多用动词,少用名词,社交媒体科学家丹·萨瑞拉(Dan Zarrella)分析了2000条含有链接的推文,发现相比使用大量名词和形容词的推文,包含副词和动词的推文有更高的点击率。

（三）篇幅尽量简短

信息快餐化阅读的另外一个表现是对长内容的摈弃，追求篇幅短小简洁的信息内容，主要与微博等短文本的消息表达方式有关，现在很难有受众可以阅读长篇累牍的通讯等体裁的新闻内容了。一般来说，新闻通稿的标题理想长度为 6～20 个字，标题不要超过一行，根据 KISSmetrics 机构的研究结果发现，受众最关注的是标题的前 3 个字和后 3 个字。而 Medium 机构衡量文章表现的标准并非点击量而是关注度，通过研究发现，文章的受关注度（阅读时间）随篇幅上升，到 7 分钟篇幅时到达顶峰，此后受关注度便逐步下降。如果是图片较多的文章则字数以 1000 字左右为宜。段落的理想宽度为 40～55 字符，社交媒体专家 Derek Halpern 发现，内容宽度决定了媒体给人留下的印象。内容宽度决定了文章给人的观感是简单还是复杂，同时也是让读者理解程度最大化的关键，他发现每行以 40～55 字符为宜，当然，这里的字符是指西文，按照英文的单词平均长度来看，大概相当于 8～11 个单词，相当于汉字 16～20 个。

（四）有图有真相

随着社交媒体的崛起，社会话语表达已经到了图片表达的时代，有图有真相成为社会话语表达的特色，甚至靠图片作为一种语言来进行交流，如网络上出现的各类表情包斗图现象。

针对微信和 QQ 用户喜爱的特色表情传播面广的特色，2016 年年初深圳南山区委宣传部也推出了全国首套政务表情包——"2.5 次元萌系南山文明表情"，让"小南君"动画传递文明正能量。据南山区委宣传部介绍，此

第四章
社交媒体时代的日常媒体关系管理

图 12 南山区委推出的政务表情包

套表情是以南山特色之一的荔枝作为原型设计人物,纯手绘制作,经过反复修改,圆鼓鼓的身板,闪烁的大眼睛,"小南君"非常可爱。各个表情运用场景化设计,设计师把"小南君"热爱生活、努力工作、坚持不懈等南山人的特点融入其中,传递文明符号。在传播方式日新月异的时代,传播文明的方式也要与时俱进。南山区委宣传部相关工作人员表示:"通过文明宣传与互联网产品相结合的方式,让文明元素与表情包相结合,使得文明宣传变得生动鲜活,也会让大家更加喜闻乐见。"

（五）要学会讲故事

地方政府如何把本地发展成就、政策举措、成长历程等"故事"讲好是一门大学问，故事讲得动听、感人，则上级满意、下级支持、群众认同，能更好地鼓舞人心、凝聚共识、推动发展；而讲不好自己的故事，则可能导致群众牢骚满腹，甚至引来外界误解，诱发矛盾。据人民论坛的调查显示，超过八成受调查者认为"当前地方政府讲好自己故事的整体水平偏低"。在全媒体时代，"讲好自己的故事"是提升地方政府软实力的必修课之一。现代政治本质上是平民政治，只有获得为社会公众所认同的"正面形象"，政府才能占领社会的"道德高地"，才能拥有走进公众的"特别通行证"，从而为政府的相关治理活动起到特殊润滑剂的作用。

（六）个性的语言

新闻稿的写作要考虑使用个性化语言表达，切忌官言官语，如在四川会理悬浮门事件中，新闻办的孙正东在对网友的 PS 行为劝说时，不是以高高在上的姿态训斥网友而是通过网言网语插科打诨地劝说网友："本人近段时间，将闭门苦练 PS 技术，欢迎大家指导"，"听说 PS 还在继续，会理领导表示鸭梨很大。他们不仅要长时间保持同一姿势处于飘浮状态、还要全球各地地跑、有时甚至还得穿越去参加开国大典什么的，很忙很累的有木有？！麻烦各位大侠放下鼠标，高抬贵手，别再玩了。那些执迷不悟的'顽固分子'，悄悄提醒下，小心领导组织拆迁办去你家拆电脑哦。"

第四章
社交媒体时代的日常媒体关系管理

第四节　接受不同场合采访的注意点

一、日常如何与记者沟通

日常与记者沟通必须具备"七个一",这"七个一"具体来说如下:

◇ 有一张联络图:各类记者、编辑的联络方式;

◇ 有一本活地图:有关领导、专家可以随时联系;

◇ 有一堆随时更新的资料:计划、总结、相关专业知识;

◇ 有一套应急方案:突发事件发生后找谁,要有几个关系密切的记者;

◇ 有一些联络感情的方法:召开座谈会、联谊会等,保持与记者、编辑的联系;

◇ 有一个以上的固定栏目:可以随时发稿;

◇ 有一定的信息储备:必要时能够及时提供有关信息。

二、如何接受记者专访

(一)案例:体育局官员被央视记者问懵

2014年7月6日央视新闻频道报道,河南漯河高级中学当年有74人获取了国家二级运动员高考体育加10分,占河南全省此项加分总人数的十分之一,引发公众质疑。记者通过国家体育总局运动员等级查询系统粗略统计发现,2013年,河南全省有超过300人都是通过河南省青少年传统武术锦标赛而获得国家二级运动员资格,主要集中在郑州、焦作、新乡、漯河等地。针对种种疑问,记者在采访河南省体育局宣传处处长时,当问到"国家二级运动员资格审核具体由谁来做",谁知河南省体育局宣传处处长犹豫了一会儿说:"能不能你问之前咱先沟通沟通?"

作为河南省体育局宣传处处长,面对现场采访镜头,避开问题不做如实回答,居然问记者能否提前对提问内容进行沟通。相信所有的人看到这一幕时,都会惊得合不上嘴。难怪此语一出,立即激起了舆论的谴责和网友的批评。可是,这能全怪他吗?他不过应急能力差点,习惯性地说了一句实话,不小心暴露了一个人所共知的秘密,只不过他说错了场合,不应该在镜头前说罢了。

这位处长一不小心说出的实话让人想起了网上疯传的一幅照片,照片的内容是记者拿着话筒现场采访一位领导,谁知有人暗自举着一张写有回答采访内容的纸牌在一旁提示。原来所谓的随机采访不过是作假和演戏。这难道不就是提前"沟通"吗?其实,这种采访前的"沟通"早已成了一种公开的普遍现象。个别地方官员离开了发言稿不能讲话,正因为如此,河南省体育局的这位宣传处处长才"习惯性"地"按规定"要求提前沟通,应该说也不为过。

(二)接受记者专访的注意事项

在许多危机事件发生后,个别官员需要接受记者的专访,如何有效应对记者的专访,具有一定的技巧,概括起来有以下几个注意点。

一是必须明确记者的采访目的,弄清楚记者的采访目的是善意的还是恶意的,要及时有效地做出评估,不可是采访就接受,也不可是采访就躲

第四章
社交媒体时代的日常媒体关系管理

避。上面举例中提到的河南省体育局宣传处处长就是不明白央视记者采访的目的何在。

二是掌握"底线法则"。所谓"底线法则"就是受访者要向记者阐述所发布的信息的性质，要求记者在采用这些信息时遵循相应的法则。

三是防止"陷阱"。个别记者在新闻采访时会将一些问题和说法借被采访对象之口表达出来，因此一定要注意记者采访中可能设置的"陷阱"，一般来说要注意以下几点：

- ◇ 在受访前准备2~3个重点，时间不超过1小时，时间太长容易言多必失
- ◇ 不要重复记者的话，以免他们精心剪辑，变成你的话
- ◇ 如果记者提问的问题带有诱导的色彩，你要明确指出，让他把问题提得更明确一些
- ◇ 不要对记者提供的新信息和新情况表态。记者可能会提出一些新的事实、数据和观点，让你证实或发表评论，你的回答是："我还没有获得这些信息"，或"我在确认这些信息的真实性之前不便发表评论"等
- ◇ 不要回答与事先确定的采访主题无关的问题
- ◇ 如果你已经回答完毕，记者仍然把话筒对着你，那是他想获得他想得到的答案。你应当说："这个问题我已经回答完了，还有其他问题吗？"
- ◇ 不要按照记者的要求指名道姓地评论他人。你可以："请问他本人，目前更重要的是……"转回话题

有个简单的案例可以作为应对记者提问设置陷阱时的对策来使用。如2014年昆明某小学门前发生意外交通事故，造成小学生一死三伤，正处

于校园安保的特殊敏感时期。有记者提问:"您刚才称事故造成一死三伤,但有网友发布消息称10多人受伤,数人死亡,请再核实一下数据,并告知死伤者的姓名,以证明数据的准确性。"这其实是记者采用激将法,设了一个圈套。记者的提问很有目的性,在证实数据的同时,还想得知死伤者姓名等信息。如果发言人公布具体信息,就违反了《未成年人保护法》,会给死伤孩子及家庭带来伤害。

面对这种情况,一般新闻发言人可能意气用事,直接公布受害者姓名、年龄等,这样就进入了记者设置的"陷阱"。相对合理的回答如下:"目前,我们的第一手数据没有变化,各方显示的反馈表明,所有死伤者都已登记,仍然是一人死亡三人受伤。对于记者公布死伤者名字的要求,因为死伤的都是小学生,根据《未成年人保护法》,恐怕我无法满足,非常对不起。如果情况有变,我们将及时通知各位,请保持联系。"

三、如何面对不同场合的媒体采访

采访是记者与新闻发言人之间控制权的争夺战。通过运用关键信息点来阐述你的优势,坚持以事实为依据阐述观点来掌握主动权。首先要为采访获得成功精心准备,采访中要表现得自信、真诚而自然、没有傲慢也没有表演成分;对关键信息点理解、消化和吸收,化为自己的东西。二是在接受采访前充分放松自己,保持镇静和警觉,克制评价自我的冲动。三是准备好应答刺激性的问题,把记者的攻击当作记者在试图增加戏剧性和刺激性,出现在公众面前的报道剩下的就是你的回答,消除抵触情绪,坚持自己的立场并保持镇静。四是永远不要对记者放松警惕,同时要牢记与记者打交道的基本规则,立即回复来电、提供记者所需的背景资料、永远不

第四章
社交媒体时代的日常媒体关系管理

要撒谎、不要害怕说"我不知道"。

(一) 面对面采访的注意事项

◇ 要事先了解该记者的相关档案资料；
◇ 可以问记者就此问题采访过哪些人，还打算采访哪些人，做到心中有数；
◇ 确定记者是否录音，如果是，要假定你说的每一句话都会被录下来；
◇ 如果你希望审阅记者的采访稿，向他明确提出来。

(二) 电话采访的注意事项

◇ 记下记者的姓名和联系方式；
◇ 问清楚记者准备何时采访，是否录音；
◇ 遇到名称、术语等，要告诉记者怎么写；
◇ 尽量缩短电话采访的时间，因为电话采访不是很理想的采访方式。

(三) 电台采访的注意事项

◇ 尽量用平常的声调讲话；
◇ 尽量不要用"嗯、啊、这个、那个……"等口头语；
◇ 尽可能用简洁明了、通俗易懂的语言；
◇ 不要翻动文字资料，尽量把一些要点、数字等做成卡片；
◇ 拒绝诱导；

◇ 正面回答问题。如记者问:"听说你们部门乱收费",你不要回答"我们没有乱收费"(因为在实际播出中,由于记者的问题被剪掉,因此听众误以为你在为自己辩解),而应当直接告诉他们是根据什么怎么做的,有关部门是怎样认可的。

(四)电视台采访的注意事项

除上述电台采访的要求之外,还要做到以下几点:
◇ 在回答问题时每半分钟停顿一下,以便主持人发问;
◇ 尽量放慢语速;
◇ 语调要有变化,因为单一的语调既容易让观众感到厌烦,又容易引发说话人的紧张情绪;
◇ 眼神的活动要自然,要看着记者或主持人,不要紧盯着镜头或监视器;
◇ 耳机或麦克风要事先调好,防止说话时突然脱落;
◇ 在录播中,如果你对自己的回答不满意,立即要求重录;
◇ 在直播中,如果出现口误,要及时纠正。

(五)应对采访的方法和技巧

◇ 准备好充足的资料和信息;
◇ 拟定好有关原则问题的声明;
◇ 在接受采访时,先用30秒的时间简洁明了地阐述重要的立场;
◇ 要谈论"事实"而不是想当然的看法;

第四章
社交媒体时代的日常媒体关系管理

◇ 不要采取与媒体相对立的立场；

◇ 必要时，提前将新闻通稿发给记者。

（六）接受媒体采访时的禁忌

◇ 绝对不能和记者"私下交谈"，"记者不是你的上级，也不是你的下级，不是你的朋友，也不是你的敌人"；

◇ 不要将问题个人化，如果你陷入与媒体的争论，将它控制在观点/事件的范围内，不要涉及个人；

◇ 绝对不要与记者争执，对记者的提问，要耐心、坦率，无论这些问题显得多么有敌意；

◇ 不要发生刁难或讥讽记者等行为，不能让记者感到尴尬；

◇ 不要提供你不能确定的信息；

◇ 不得假设、不得浮夸、不得反悔、不得意气用事；

◇ 不要忘记你的回答应该针对普通读者，即"初中一年级的水平"；

◇ 捏造事实、回避问题、胡编乱造；

◇ 临时应付；

◇ 以为记者不会发现你想对他隐瞒的事情；

◇ 堆砌事实；

◇ 不敢说"不知道"；

◇ 没有立即给记者回电话；

◇ 相信记者是你的朋友。

另外，在对话时要注意有些话不能与记者说。必须明确什么样的问题、什么样的行为以及什么样的观点最可能惹恼记者，或是让自己陷入困境。

以下这些不要说：

◇ 你报道的新闻角度是什么；

◇ 到目前为止你对一切还满意么；

◇ 下面我说的请不要发表；

◇ 你不要指望能发现什么；

◇ 我不是骗子；

◇ 我告诉你实话吧。

第五节 日常获取网络舆情的方法

一、日常舆情信息获取

对于基层政府部门或企业组织来说，由于社会知名度相对较低，网络信息的地域关联度整体不高，因此每天进行一些简单的舆情信息采集就可以满足组织部门的信息采集需求。

（一）浏览当地网站主要论坛热点版块

在上面的论述中，根据对热点事件的第一信息落点的总结发现，本地论坛往往是舆情信息发布的首选爆料网站，主要借助民众对本地信息的关注，引起民众的围观，进而达到在有限可控的范围内实现自己的各种诉求，如著名的瓮安事件、石首事件和张家川事件等群体性事件都是在本地网站组织发动的，从舆情管理的角度来说，这些信息是可控的，一旦被转

第四章
社交媒体时代的日常媒体关系管理

发到综合论坛和微博上就很容易演变成社会热点事件,因此当地网站主要论坛是进行舆情监管的第一监控重点,目前一些地方政府部门不重视本地论坛,反而关注微博、微信和综合论坛,考虑的是在这些网站上删帖,一旦信息传播到这些显著性的网络平台,已经不具备可控性,这是典型的"灯下黑"的做法。

(二)构建适合本部门本地区的关键词搜索词库

从目前的网络数据挖掘和文本识别技术来看,网络的人工智能化还有很长的路要走,包括舆情监测软件在内的所有信息抓取技术都是建立在关键词的检索基础之上,对于日常的舆情信息采集首先必须构建一个适合本部门本地区的关键词检索词库,工欲善其事必先利其器,科学、有效的关键词库是发现真实舆情信息的必要基础和前提。建构关键词库最为简便的方法是本部门本地区最有特色的一些词,如乡镇名、领导干部姓名等。

(三)利用百度搜索、新浪微搜索、天涯站内搜索

可以借助现成的网络搜索引擎工具进行信息的二次搜索和加工,比较常用的工具是百度搜索、新浪微搜索、天涯站内搜索,基本上可以涵盖国内主要的信息,因为百度涵盖了国内基本上所有的中文网站,虽然有760现象[①],但对一个地方和专业部门来说,这些信息已经足够,并且如果坚持每天检索一遍,真正更新的信息十分有限;新浪微博作为国内主要微

---

① 百度搜索的显示条数可能在十几万,但真正呈现给网民的只有760个搜索结果。

博,微搜索的数据虽然仅能呈现最为显著的 500 条,但也基本涵盖了最新的信息,并且微搜索有多种检索条件选择;天涯站内搜索基本可以搜索最近一段时间内所有发布在天涯上的新帖。

以上三种搜索工具的数据源要远远超过专业的定向舆情监测软件,而且每天坚持搜索,再加上监测者所在部门和地方的知名度不高,因此所要真正处理的信息有限。

(四) 每天浏览新浪等门户网站新闻中心首页

在前面的论述中对新浪等门户网站代表的综合论坛的作用和角色做了说明,其主要扮演的是舆情信息接力传播的最后环节,因此,应该及时浏览门户网站的信息,一方面做舆情信息的基本监测,另一个方面是了解目前舆情发展的基本态势和变化,做到舆情现状发展了然于胸。

在对百度搜索、新浪微搜索、天涯站内搜索和新浪等门户网站的信息浏览时争取做到每天早晚各一次,有关本部门本地区的信息十分有限,基本上可以做到一网打尽。

二、关键词的选定

对于不同政府部门和组织来说,关键词的选取是比较重要的环节,适合本部门的并且数量精当的关键词对日常舆情信息的采集可以起到事半功倍的效果。总体来说,目前主要的关键词选取方法有以下几种。

一是工作中的长期积累。春江水暖鸭先知,对于一线舆情信息采集的工作人员来说,对自身部门经常与哪些关键词同时出现,是有基本的直觉判断的,这是长期积累和完善的结果。

二是借助关键词分析软件。主要是借助百度等搜索引擎中与某个关键词同时出现的词作为关键词,如金花关键词工具,可以设置一个关键词(元关键词),并设定检索条件,就可将这个条件下与元关键词相关的词按照一定的顺序排列出来,包括搜索指数,最近7天、30天和相关页的数量变化等。

三是借助词频软件,将一段时间内与本单位相关的信息文本收集起来,主要是txt文档格式,使用词频分析软件进行分析,选取词频比较高的实词,这些词一般都是与本单位关联最为紧密的关键词,目前主要的词频软件包括了Rost高频词分析软件、图悦等在线网站。

三、借助网络现有的相关资源

(一)百度指数:http://index.baidu.com/

百度指数,是以百度海量网民行为数据为基础的数据分享平台。其宗旨是让每个人成为数据科学家。用户可以研究关键词搜索趋势,把握市场动向;了解搜索背后的真正诉求,洞察网民兴趣和需求;监测舆情动向;定位人群特征;还可以从行业的角度,分析市场特点。

(二)百度司南舆情:http://yuqing.baidu.com/sentiment-web/main/index# page/main/index

百度司南舆情分析系统依托百度强大的网页内容挖掘能力与领先的中文语义分析技术,挖掘与分析互联网舆情数据,助力更良性的社会化营销与公关管理。百度舆情免费版从行业热评商品榜、品牌热论商品榜、商品评论趋势、网民情感份额、网民主要观点五大维度进行数据统计和分析。

（三）百度预测：http://trends.baidu.com/

百度预测是百度为进一步推动大数据产业链的形成和发展而专门成立的数据产品部门，其宗旨在于发挥百度大数据在海量数据和尖端技术方面的优势，以大数据预测为核心方向，与传统行业进行深度结合，利用百度独有的大数据能力促进和激发传统产业的发展和变革。

（四）新浪微搜索：http://s.weibo.com/

新浪微搜索，是针对新浪微博的一种实时搜索，高级设置功能能提供各种不同条件的信息搜索请求，但目前只是呈现出前500条。

（五）新浪微指数：http://data.weibo.com/index/?sudaref=www.baidu.com

新浪微指数是新浪微博的数据分析工具，微指数是通过关键词的热议度，以及行业/类别的平均影响力，来反映微博舆情或账号的发展走势，分为热词指数和影响力指数两大模块，此外，还可以查看热议人群及各类账号的地域分布情况。热词指数是基于关键词每日的微博热议度，以关键词为统计对象，科学分析并计算出各个关键词在新浪微博平台中的长期热议趋势，并以曲线图的形式展现的指标；热议度是基于关键词的提及频率，考虑到反垃圾机制及舆情口碑后，综合得出的指数指标；热词指数主要有以下三个功能：热词趋势、人群分布、对比分析；影响力指数包括政务指数、媒体指数、网站指数、名人指数四块。

（六）天涯站内搜索：http://search.tianya.cn/bbs?q=&f=0&pid=

天涯站内搜索是针对天涯论坛站内的所有发布信息的一种定向搜索，可以按照时间、热门等顺序简单排序。

（七）地图慧：http://www.dituhui.com/

地图慧是一款专业的数据地图制作网站，只需三步即可实现快速制图，将 Excel 数据在线制作成分段专题图、等级符号专题图、业务分布地图等，操作简单：1.上传您的 Excel 数据到网站；2.选择您需要的地图应用类型；3.确认地区范围一键生成地图，可以数据一键在地图上显示，导出地图图片，嵌入 Word 或 PPT。

（八）知微：http://www.weiboreach.com/

知微是一个社交媒体信息挖掘网站，主要专注于社交媒体大数据领域的数据挖掘与数据分析，为企业及政府提供信息情报、口碑评测，事件分析及追踪等综合数字解决方案。它拥有微博、Twitter、新闻客户端、门户、论坛等百亿级历史和实时消息数据及数亿互联网用户的人物画像数据。它记录社会热点及行业大事，基于数据刻画用户情感喜好、消费需求、政治倾向等人物画像维度。它可以分析单条微博传播威力有多大，在传播中产生了什么样的影响，人们的情绪是积极还是消极的；可以分析针对单条微博大家说得最多的是什么，每种声音的音量有多大及微博传播中的关键人物。但这个只能分析单条微博，对微博账户和某个特定议题分析还不能完成。

当然，类似的分析单条微博的网页工具还很多，如独到科技：http://www.doodod.com/（超过一定的转发值需要收费）和北大可视化 http://vis.pku.edu.cn/weibova/weiboevents（完全免费）。

四、日常危机舆情研判的简单技巧

日常危机舆情的管理首先要针对收集到的网上舆情进行研判。互动社区中容易炒热的话题，就其传播形式而言一般要具备以下三个条件。

（一）有图有真相

正如网络上经常说的"有图有真相，无图无真相"一样，目前的信息消费进入感性化的快餐消费时代，读图时代来临，受众已经厌倦冷冰冰的文字刺激，对于感性的图片更加感兴趣，因此很容易生成基本假设：有图＝真相，图片已经成为十分常用的网络表达方式，通常在贴吧、微博等自媒体交流平台，微博主所表述的话题仅通过文字不能使得观者信服，于是便需要借助视觉的"图片"来使观者得到丰富的表述，从而获得真实感，借此相信这是一个事实，这句话用在前半句的时候，后面一般跟"链接皆SB"，意思是没有图只有链接没人会相信，而且链接有可能是带病毒的不良链接。

在大量舆情事件中，往往都是一个图片最终成为压垮骆驼的最后一根

第四章
社交媒体时代的日常媒体关系管理

稻草,无论是天价烟、犀利哥、擦鞋门,还是后来的表哥、雷政富等,最终都是因为图片的强烈冲击力和真相感推动图片的疯狂转发,最终演变成一发不可收的社会舆情事件。

(二)标题吸引眼球

在网络时代,注意力资源成为稀缺性资源,如何在海量的信息中脱颖而出,一个比较简单的手段就是标题要足够吸引眼球,尤其目前是一个先入为主的时代,好的标题会使该信息在众多信息中脱颖而出。在网络编辑中有所谓的标题党之说,标题党的危害自不待言,但从侧面可以看出标题的重要价值。在所有网络舆情热点事件中,基本上都有一个显著性特点,那就是标题都很吸引人,尤其是通过动词和标签化的名词使用,现场还原感强,很容易点燃社会情绪,带来极高的社会关注度,产生社会围观和群体极化现象。例如,引爆天价烟事件的关键节点的帖子是网友@华阁的《赞一下那个要处罚低价售房的局长,看人家抽的烟》;引爆犀利哥关注的帖子《秒杀宇内究极华丽第一极品路人帅哥!帅到刺瞎你的狗眼!求亲们人肉详细资料》;等等。这些标题都具有很强的现场即视感和视觉冲击力,通过设置悬念、夸张口气等来挑起受众看下去的欲望。

(三)篇幅简短

随着信息的爆炸式生产,海量信息出现的同时也带来了社会民众信息消费方式的改变,整个社会弥漫着浮躁的情绪,再加上手机短信、微博和微信等碎片化信息传播的自媒体平台的出现,传统的长篇累牍式的信息消费方式被极大消解，感性、碎片化的信息消费方式成为主流，人们已经不能够静下来阅读哪怕长一点的信息。因此篇幅简短的信息更能迎合民众的这种信息消费方式，并且可以在众多信息中脱颖而出，更加容易被民众所关注，成为社会民众的谈资，在相关的舆情热点事件中，内容都不是很长，尤其是在微博上刚一开始就受到字数限制，这些信息短小但都很精悍，言简意赅，更加符合碎片化信息传播时代的特点。

以上三点是在形式上衡量一个信息能否最终成为社会热点信息的重要参考标准，在现实的舆情监测中，我们也发现负面性信息充斥着整个网络，但真正成为社会热点事件的信息占到其中的不足10%，主要原因是大量信息欠缺以上三个条件，随着未来碎片化传播的趋势越来越明显，这三个条件也会日益显著。

五、日常负面舆情信息应对方法

（一）论坛帖文处理方法

对论坛的负面信息进行处理时，一般不建议使用删帖的方式来处理，而尽量要使用技术性处理，删帖容易造成负面信息进一步反弹，引发更大规模的危机，如2008年3月起，三鹿集团先后接到消费者反映，食用三鹿婴幼儿奶粉后，孩子出现尿液变色或尿液中有颗粒现象，但这些丝毫未引起应该有的重视。当时一位网民揭露三鹿奶粉的质量问题，还被三鹿集团公关删除帖子；2008年6月中旬，三鹿又陆续接到婴幼儿患肾结石等病症去医院治疗的信息，但对外并无反应；在关键信息长达半年被忽视之后，危机开始全面爆发，2008年9月8日，甘肃岷县14名

第四章
社交媒体时代的日常媒体关系管理

婴儿同时患有肾结石病症,引起外界关注。三鹿集团对外宣称,当地质检部门对该集团奶粉的检验显示没有质量问题。然而,两个月内中国多省相继有类似事件发生已经引发公众的不信任,最终使得三鹿奶粉以破产而告终。

对于论坛负面信息的主要处理方法如下:

一是锁帖。通过与网络编辑、版主等协商关闭负面信息的评论,使该信息只能浏览不能评论,使得整个事件没有新的观点进入,形成一个相对闭合的传播环,这样事件被进一步炒热的可能性就降低了。

二是去图。如果锁帖很难协调的话,可以考虑让版主等删除信息中的图片,在前面的论述中也提到了,图片对于信息真实性具有很大作用,所谓有图有真相,无图无真相,一旦图片没了,整个信息的真实性和可供传播的价值会迅速降低,从而降低该信息成为热点事件的概率。

三是改标题。在前面的论述中,也提到了标题对于整个信息传播的价值和影响,好的标题很抓人眼球,在不更改整个信息内容的前提下,可以通过更改原标题,降低标题的吸引程度进而达到影响整个信息传播的效率和效力。

四是顶帖。许多论坛的信息呈现方式是按照点击量、浏览量等进行自动呈现的,在互联网研究中有一个概念,即蹦失率,蹦失率是指用户浏览第一个页面就离开的访问次数占该入口总访问次数的比例,在很多时候,大多数人都是浏览第一个页面,只有不到40%的人会继续浏览下一级页面;甚至很少的网民会滚动鼠标浏览第二屏信息,因此信息的位置在互联网时代起着越来越重要的作用。基于此,可以考虑组织人员将其他帖子顶起来,进而将本来已经置顶的危机帖给顶下去,通过网页位置的改变进而缩小其传播的范围和影响。

当然，删除负面帖并不是不可以去做，但需要注意以下几点。

一是需要记住，大多数负面帖文是不可能被炒热的，对待此类帖文的最好办法就是置之不理，比如在中国人民大学舆论研究所进行舆情监测以来，许多负面帖子最终并未成为社会焦点事件，就帖子本身所反映的问题甚至比已经曝光的舆情事件还要恶劣，但最终并没有成为负面热点舆情，一定程度上与发帖人本身的媒介素养有关，这说明对待许多帖文并不用风声鹤唳草木皆兵，八成以上的负面舆情帖子不会成为社会热点事件，但需要注意倾听民声，对民生帖要做到必办，对问题帖必须回复，不能实行鸵鸟政策。

二是对于正规网站上出现的涉及本人和单位的有关造谣、诬蔑等存在明显问题的帖文，可以通过发正式函件给网站要求删除。

三是对于影响社会稳定、激化社会矛盾等易造成不良影响的帖文，可请求相关部门协调删除。

（二）微博负面信息处理方法

对待微博上的负面信息，目前主要的做法如下。

一是跟帖评论，澄清事实。针对微博上的负面信息，如果是与真实情况存在差距，要第一时间跟帖评论并转发，澄清事实，表明关注事件进展的立场。

二是义正辞严发微博文@微博主。在确认对方对事实的掌握的确存在缺陷，并且有恶意中伤之嫌时，可以通过发微博文@微博主，表明立场，并澄清事实真相。

三是发私信@微博主。如果确认相关事实表述真实，可以通过发私

第四章
社交媒体时代的日常媒体关系管理

信@微博主,但要注意态度,不要过于谄媚,最终成为该微博主进一步爆料的证据,要做到有理、有据、有节,更不可在私信中承诺贿赂微博主。

四是向微博小秘书等举报投诉。新浪微博目前有几百个负责内容审查的网络编辑,如果个别信息对社会安定等方面有潜在影响的话,可以向小秘书举报投诉,由其来处理,一方面可以官方微博身份提出诉求,另一方面可以通过组织与新浪微博取得联系。在许多事件中,新浪微博依然起着社会议程设置理论的功能,大量社会热点事件都是新浪微博自己推的,其主要通过话题推送、热门话题等形式影响新浪微博用户的社会议程和谈资。

(三)跟帖评论的注意事项

为了消除政府和网民之间的信息不对称,防止网上出现舆论一边倒的倾向,有时需要组织网络评论员跟帖。网上跟帖评论要注意三点。

一是用事实说话。切勿组织网评员无理谩骂,为反对而反对,很容易造成一种盲目攻击,和网上攻击自己的帖子无异。

二是注重用网言网语。网络上的社会表达是一套话语体系,不能用现实生活中的话语表达来进行回应,注意培养网评员的网络表达能力,善于使用网言网语,针对负面舆情信息不能表现出缺乏理性,要冷静对待。

三是点到为止,见好就收。网评员使用要适度,不可滥用,特别在观点交锋中,由于网评员素质有限,不能片面依赖,在后面的跟帖中要见好就收,不能纠缠,继续保持数量上的高压态势,很容易让网民识破,并产生情绪反弹。

六、政务微博和政务微信的日常运营理念和技巧

随着微博和微信代表的双微时代来临,自媒体平台得以兴盛,经过2013年8月的打击网络谣言专项行动和9月的两高对网络诽谤的司法解释,政务微博和政务微信开始抢占自媒体平台话语场域的舆论主导权,基本上所有的政府部门都开设了微博和微信公共账号,但整体来看,政务微博和政务微信还存在着一系列问题,如形式化,僵尸微博,开了微博和政务微信基本不更新;名利化,刻意追求粉丝数量,甚至个别官员和政务微博不惜在淘宝上购买粉丝……微博和微信不同于传统的新闻宣传,必须要有不同的运营理念和操作方法。

(一)政务微博和微信公共账号运营理念

一是语言必须轻松直白,"不能有官文官话"。网络上话语表达以简单直白、轻松诙谐为主要特点,官方的那套话语表达,在网络上没有太大的市场,因此,政务微博和微信公共账号必须要网言网语,不能够有官文官话,更不能把组织内部的工作通报等直接放在微博或微信上,这样基本上就没人会去关注,官方微博和微信就会成为自说自话、自娱自乐的卡拉OK式的自我表演了,网民连关注都不会,更别说听进去了。

二是不能刻意追求粉丝。个别政务微博和政务微信将粉丝量作为考核指标,无所不用其极,通过淘宝购买僵尸粉,发动自己的亲朋好友关注等方式,甚至个别官员的微博账号,看着粉丝挺多,仔细分析很多是僵尸粉在站脚助威,虽然粉丝量上去了,但没有人真正是为了关注账号而成为粉丝的,传播效果必然很差,暂时场面上去了,但长远来看,没有真实关注

第四章
社交媒体时代的日常媒体关系管理

度的政务账号依然没有网络话语权，在网络上依然会被淘汰。

三是不能哗众取宠。个别政务微博和政务微信账号为了更加吸引眼球，不惜转载一些毫无节操可言的笑话、段子，虽然关注和转发上去了，但官方微博和微信的整体形象也下来了，如某公安微博账号在日本著名AV女星@苍井空的微博后面评论，被网友发现并截图晒出证据，甚至有网友调侃是不是来潜伏扫黄打非的，政务微博和微信的社会公信力大打折扣。

四是最忌讳发布虚假消息。在舆情研究中有所谓的"塔西佗陷阱"，通俗地讲就是指当政府部门失去公信力时，无论说真话还是假话，做好事还是坏事，都会被认为是说假话、做坏事，这其实就是中国著名的"狼来了"的寓言故事的另类说法。经历了"非典"风波等事件，政府的整体公信力在下降是不争的事实，如果发布虚假消息，可能让本来公信力在下降的政府面临公信力进一步透支的情况，因此，宁可不说话也不要说假话，尤其是在社会危机事件发生后。

五是学会寻找庄重与轻松的平衡点。网络话语表达既不可板着面孔，正襟危坐，一副让人退避三舍的姿态；也不可过于戏谑，让公众有轻薄的感觉，这其实是一个很难平衡的问题。

（二）政务微博和微信公共账号运营技巧

一是图片至关重要。读图时代，图片成为所有信息中最为直观感性和最吸引人的信息表达形式，纯文本信息和加了网页链接的信息都不如图片信息更能引起网民阅读的兴趣，在微博和微信中，争取做到每条信息都有经过精心筛选的图片。

二是用幽默吸引人。网络时代,戏谑娱乐心态是主要表征,幽默的话语往往可以达到事半功倍的传播效果,尤其是对中国老百姓而言,官方依然是高高在上的存在,如果放低身段,在话语表达上呈现幽默特性,会给民众眼前一亮的感觉,更加能够吸引民众关注你在说什么,胜过无数次说教。

三是用真情打动人。社交网络时代,关系是维系信息流动的重要网络,关系的维系必须依赖情感这一纽带,情感交流已经成为电子化生存时代民众交流的最高形式,情感在信息传播中可以软化交流障碍,获得心灵上的共鸣,因此,政务微博和政务微信一定要用真情打动粉丝,而不是将粉丝看作单向度的听众,要善于与粉丝交流,进行情感沟通,进而做情感上的好朋友。

四是利用节假日和时间段,一般来说以下三个时段发布微博和微信获得的反馈相对较多,分别为上午9:30-12:00、下午3:30-5:30、晚上8:30-11:30。

五是合适的发布频率,每天10~15条。既不能做沉默者,也不能做话痨,动辄每天几十条的信息发布,搞信息轰炸,最终造成受众的信息疲劳,要么取消关注,要么置之不理,信息自动过滤。

六是学会善于转发。不可能所有微博和微信都是原创的,要学会转发,利用外脑,根据本单位的定位情况,善于转发有趣又和本单位身份相符的信息,并不是一转了之,还要善于点评,做到画龙点睛。

七是要与粉丝多互动。许多政务微博和政务微信喜欢发了信息就置之不理,不论是什么反馈都不做回答,把政务微博和政务微信当作电子公告牌,不与粉丝进行任何互动,依然是传统的单向度的宣传思想。这种做法千万要不得,微博和微信都是互动社交媒体,其灵魂就在于社会互动。

第五章

新闻发布会的准备与组织

第五章
新闻发布会的准备与组织

第一节 案例导入:天津"8·12"爆炸事件

2015年8月12日晚,天津港国际物流中心区域内瑞海公司所属危险品仓库发生爆炸。另据中国国家地震台网的记录,灭火过程中共发生两次爆炸,间隔约30秒。第二次震级更高,相当于21吨TNT。现场曾有蘑菇云升起。一位名为@小寶最爱旻旻的博主在8月12日晚11时26分发布了一条关于天津爆炸的微博,称"重大火灾,爆炸声跟打雷一样!"并配以一段视频。据现有信息考查,这可能是最早发布天津爆炸消息的人。随后多位网友通过微博、微信等方式发布了爆炸的消息。事件发生后,天津市相关部门举行多次新闻发布会的正向回应,主要集中在伤亡通报、救援进展、危化品品类及处置的披露。而每次新闻发布会几乎都导致4个以上衍生舆情,正向回应遭遇衍生舆情覆盖,网络传播中不断生成新的质疑和吐槽,政府公信力受损。

主要表现为以下几个方面:一是直播莫名中断,13日首次新闻发布会的记者提问环节,央视、天津卫视均切回主持人画面,央视称直播暂停,天津卫视则播放了几首歌曲,然后开始播放连续剧,这一情况让公众大跌眼镜。而此后几次新闻发布会,记者提问环节直播均被中断,但是互联网

直击人心：社交媒体时代新闻发布与媒体关系管理

上各种手机视频、文字实录、记者手记却在官方披露之外拼凑起提问环节的全貌。在信息技术已经普及到个人的全媒体时代，直播暂停对舆情把控毫无益处，不仅增加外界公众的质疑、更为不实流言创造了发酵空间；二是会议统筹混乱，回应提问多成搪塞推诿，每场新闻发布会参会人员均有变化，新闻发布会信源不统一，官方回应层级不统一。首场新闻发布会未见分管主政官员出席，也没有安监部门出席，备受诟病。此后的新闻发布会上，虽安监部门有所回应，但按照应急管理应该出席的分管市领导却迟迟未见露面。网上质疑"副市长哪去了"的声音更趋强势。面对重大灾难事故，需要顶格回应，这本是危机处置、舆情应对的基本法则。发布会前后既有市一级官员，也有区一级官员，并有卫生消防、民政环保部门参会，团组织和民间救援组织也有列席，舆论不解为何官方与会者不断变化，质疑这是新闻发布，还是工作汇报。也因出席人员不断变化，发布会上"相关单位没参加这场发布会"的搪塞以及"这不是我的职责"的推诿，招致外界诸多批评。

同时，天津新闻发布会欠缺总体统筹，权威性行政主官缺席使得同级部门在说明信息方面不敢发声、不敢担责，对于可能涉及"兄弟单位"的信息披露，也是小心翼翼怕踩过了线，说了同僚的坏话。如此一来，诸事要"商量"情况要"了解"就成了发布会的常态。此外，由于没有统筹授权，每个部门"说什么，怎么说"都在仔细掂量，政府各部门没有有效的信息交互，以至第六次发布会为了核实伤亡数字，延迟20分钟才开始。

"不清楚""不知道""不掌握"成回应关键词。记者提问是衍生舆情发生的核心环节。"我不清楚，需要问一下同事""我不知道""我不掌握"等成为舆情发酵关键词。8月16日第六次新闻发布会上，有记

第五章
新闻发布会的准备与组织

者提问谁负责统筹指挥救援，官员回应"将尽快了解情况"引爆舆论批评。公众无法接受灾难发生已经 4 天，而统筹救援责任人居然无法获得官方确认。此前，新闻发布会上出现"下去问一下""找同事核实"等情况，可见发布会筹备中，对公众舆情发展、媒体报道情况、可能形成的提问未有预期研判和资料准备，新闻发布会未能有效掌握事故处置的多方信息。

人文关怀欠缺、权责"清晰"显现处置冷漠。第六次新闻发布会上，相关人员开场一句"见到大家很高兴"，虽然是常态招呼，却引起公众感情上的不满。第五次新闻发布会上，天津市公安消防局回应天津港消防支队失联队员信息"不属于管辖范围"，的确道出了权责范围的"清晰"，然而面对追问起身离席，则被公众视作事不关己的冷漠。与此同时，《天津日报》16 日的一篇报道也刺激了公众神经，15 日晚间，天津安全生产工作会议前，参会者向牺牲的消防人员和遇难者表示深切哀悼。公众不能理解，为何官方哀悼只在遥远的会场里，而没有出现在新闻发布会上。

第二节　新闻发布会的流程及步骤

一、相关流程与准备

（一）准备阶段

◇ 相关资料（讲稿、Q&A）；

◇ 服装饰物；

◇ 邀请媒体及记者资料。

（二）发布会开始前

一是确定新闻发布会日期、地点、新闻点等。希望发布事件日期相配合，促进自身对外宣传，挖掘新闻点、制造新闻效应、注意避免与重大新闻事件撞车。该步骤应在正式新闻发布会前20天完成，最迟15天，并在邀请函发布前预订会场，否则会影响下一步工作。

二是确定组织者与参与人员，包括广告公司、领导、客户、同行、媒体记者等，与新闻发布会承办者协调规模与价格，签订合同，拟订详细邀请名单、会议议程、时间表、发布会现场布置方案等。该步骤主要由主办者提出要求，承办者具体负责。

三是按照邀请名单，分工合作发送邀请函和请柬，确保重要人员不因自身安排不周而缺席发布会。回收确认信息，制定参会详细名单，以便下一步安排。该步骤一定要计划周密，有专人负责，适当放大邀请名单，对重要人物实施公关和追踪，并预备备用方案，确保新闻发布会参与人的数量和质量。

四是购买礼品、选聘主持人、礼仪人员和接待人员并进行培训和预演。设计背板，布置会场，充分考虑每一个细节，比如音响、放映设备、新闻通稿、现场的音乐选择、会议间隙时间的娱乐安排等。

五是正式发布会前一到两个小时，检查一切准备工作是否就绪，将会议议程精确到分钟，并制定意外情况补救措施。

六是按计划开始发布会，发布会程序通常为：来宾签到、贵宾接待、主持人宣布发布会开始和会议议程、按会议议程进行、会后聚餐交流、有特别公关需求的人员的个别活动。

（三）新闻发布过程阶段

1. 语言

◇ 职业地对待与会记者并且尊重他们；
◇ 使用丰富的事实和统计数据。收集那些能支持你的说法的数字。记者们喜欢并且会引用它们；
◇ 保持友好、善意并且易于接近的状态。尽力使自己看起来很愉快；
◇ 控制问题。不要回答与新闻发布会不相关的问题。坚持表达你的观点。不要让1到2个记者支配现场，礼貌地拒绝问题并且给其他记者提问的机会；
◇ 在回答所有的问题时保持冷静、分寸和准确（如果你不想第二天看到相关内容的话就不要说）。在回答每个问题之前停顿3秒钟（这会给你一些额外的"思考时间"并且避免让观众发现有些问题更难回答）；
◇ 不管最后一个问题是什么，总要回到题目；
◇ 保持答案简明扼要。记者们寻求的是简短的引语。

2. 仪表体态

◇ 正襟危坐。不要来回晃动；
◇ 手势幅度大一些。小手势和拘谨的动作无法引起别人的注意并且会使你显得焦虑和不够稳重；

- ◇ 聆听问题的时候不要点头。那样看起来好像你认同提问者所说的，而事实可能恰恰相反；
- ◇ 注意任何身体上的或易紧张的习惯。不安的面部动作、轻叩脚趾等都会引起注意。注意到自己有这些习惯就能尽量在现场不表现出来；
- ◇ 直视正在回答他或她问题的记者。这避免了精力分散并且可以保证你正对着麦克风和镜头讲话。

3. 回答问题

表2　记者在新闻发布会上的提问及应对

记者在新闻发布会常使用的手段	应对方法
打断你	有礼貌地肯定并继续说下去
诱导你	反对并重新陈述你的信息
陈述错误事实或是歪曲部分信息	纠正错误
在你给出完整和正面的答复之前提出新的问题	如果前述问题重要就继续原题
提出不引用你的话，要求你对他更"坦诚"	不要以所说的话不会被引用为前提发言
连续提出多个问题以加快速度	保持冷静，挑一两个你觉得容易的问题回答
要求对一个无法回答的问题给出答复	确认听到了这个问题，然后回头重述你的主要信息
提及一个对手或其他的公司	不要谈及或批评竞争对手
声称不明白某个技术性的问题	简单重述
问及你的私人意见	不要给出私人意见

第五章
新闻发布会的准备与组织

续表

记者在新闻发布会常使用的手段	应对方法
说他们是你的朋友，站在你这边	他们首先是专业记者，然后才是朋友
问假设问题	不要纠缠，回到你的主要信息
在问题中使用情绪化语言而得到你的反应（"丑闻""贪婪"）	冷静，纠正错误，回到相关主题

以下是相关回答技巧和案例。

如云南省高院原新闻发言人陆建平与美联社驻北京记者蓝斯特的对话，蓝斯特问："中国是不是大量移植死刑犯的器官？"陆建平回答："确实有这种情况，但却是极个别的，而且有个重要的前提，那就是，必须是罪犯自己申请，并经家属同意，而且其捐赠的器官不出售，只是用于公益，这与谣传的器官移植完全是两码事，其他公民也同样有自愿捐赠器官的选择权。不排除个别罪犯为了表达对社会的忏悔，采取这种形式。"陆建平首先将罪犯自愿捐赠器官从（他人）移植死刑犯器官这个整体中分离出来，对事件的本质特性进行分析，明确概念后，再进行判断、推理。结果驳斥了外界的谣传，以正视听，维护了政府的形象。

再如，李瑞环同志一次访问香港时，一记者问："您刚才在讲话中强调了团结的重要性，这是不是指香港人不够团结？"李瑞环答："如果我祝你身体健康，是不是指你身体不健康呢？"听到这一回答，许多记者禁不住鼓起掌来。

还有一些进攻性回答。一记者问外交部前新闻发言人孙玉玺："据报道，俄于17日发射两枚核导弹，俄海军表示此举针对美国的NMD计划，你对此有何评论？"孙玉玺回答："关于俄导弹试验的具体情况，我并不清楚。需要指出的是，美国企图修改反导条约，发展NMD。其直接后果将是破坏战备稳定,并可能引发新一轮军备竞赛,最终结果是损人不利己。"这样回答既避免了对俄罗斯方面的举动直接发表评论,又批评了美国,并表明即使俄罗斯发射了核导弹,也是美国的行为造成的。

(四)新闻发布会结束后

监控媒体发布情况,整理发布会音像资料、收集会议简报,制作发布会成果资料集(包括来宾名单、联系方式整理,发布会各媒体报道资料集,发布会总结报告等),作为资料保存,并可在此基础上制作相应的宣传资料。评测新闻发布会效果,收集反馈信息,总结经验。

第三节 新闻发布的轻重缓急

一、新闻发布的轻重缓急

对于政府部门,要坚持做好日常新闻发布,功夫用在平时,一是可以做到政务信息的透明公开;二是可以培养和训练队伍,如北京市新闻办每天基本上有三四场网络发布会,极大提升了整体队伍的新闻应对素质和能力。

(一)主动发声,抢占先机

新闻发布的目的是为了让真相与谣言赛跑时取胜,因此必须主动发声,抢占先机,以免让谣言钻空子,第一时间让民众获知,一旦形成刻板

第五章
新闻发布会的准备与组织

印象,后期说再多的事实真相都会被民众戴着有色眼镜来观察。

(二)快报事实,慎报原因

舆情事件发生后,需要做的是及时传播事实真相本身,比如实际受害、伤亡情况,而不是寻找原因甚至借口,因为当前情况下最主要的不是寻找原因,而是让公众知晓事件进展,至于原因可以在以后进行通报,不要让公众觉得过早报道原因就是在寻找托词和借口。"快报"是主流媒体的责任,是公民的知情权的集中体现,另外"快报"可以把握舆论传导的主动权,与谣言赛跑,"慢报"和"瞒报"的恶果是延误报道时机,最终使组织形象受损。"慎报"是由事物的复杂性和调查的过程性所决定。在网络时代,信息传播空前活跃,交互性大为增强,公众既是信息的"受者",也是信息的"传者"。"快报事实"之后,若在事件的原因尚未完全明朗之前便主观臆断,胡乱分析,必然扰乱人心、混淆视听。"慎报"的益处是让公众辨明真相,建立媒体自身的权威公信力,抢报突发事件的新闻是为了满足公众的知情权,不是捅娄子,不能唯恐天下不乱。有一些记者喜欢匆忙下结论,往往在没有彻底了解事件真相的前提下,就将"豆腐渣工程""腐败温床"之类的大帽子扣上了。"不慎"的后果会误导舆论,影响对突发事件的有效处理。

"快"与"慎"是既对立又统一的辩证关系。"快"是为了让公众知其然,"慎"是为了让公众知其所以然。"快"不等于"不慎",不能为了抢发新闻而乱下结论,肆意扩大或缩小新闻事实;"慎"并不意味着"不快",待结果明朗后再及时报道也是一种"快"。一味强调"慎",可能会失去新闻发布的先机,让事实被谎言所掩盖。突发事件是发展的,其原因也是在动态中逐步清晰的,只有尊重客观事实,尊重新闻规律,才能把握"快"中有"慎"、"慎"中求"快"的辩证关系。

(三) 以人为本,表达关怀

在新闻发布时一定要注重以人为本,强调人尤其是普通人在其中的情况,不能借机对上级领导拍马溜须,如 2010 年 6 月,江西发生洪水,央视《24 小时》报道抚河汛情,邱启明连线江西防总办公室副主任,询问汛情。该副主任强调唱凯堤历史上曾多次决口,在介绍江西省委书记、省长的指示之时,主持人打断说,"平主任你告诉我,决口有多大?下游的群众有没有转移?"但他又开始介绍从国家防总副总指挥到省水利厅厅长各级领导的"重要指示"。主持人再次打断,问:"平主任,我是非常想了解下游的群众有没有转移。"又如 2013 年 4 月 20 日,芦山地震发生后,央视连线雅安原市委书记,在他开始历数四川省党政军领导奔赴地震灾区情况时,央视主播长啸打断说:"这个我们可能比你知道的多些,说说现在采取了哪些措施吧。"灾害事故发生后,民众最为关注的是人的安危,而不是哪个领导的指示,因此,新闻发布时必须以人为本,表达基本的人文关怀。

如 2011 年 12 月 13 日江苏丰县有关方面召开 12·12 校车事故新闻发布会,通报这起事故的有关情况。发布会开始后,参会的所有人员起立,为在校车事故中遇难的孩子们默哀。新闻发布会上一个小小的默哀举动,承载着一个信念:人的生命价值是最高的。灾难发生之后,对事故本身,第一位的应该是对已经逝去者的哀痛和追思,让逝去的生命获得应有的尊严。

（四）坦诚开放，适当致歉

舆情事件发生后，相较于处理结果，民众更加关注在这个事件上相关责任方的态度，坦诚开放的态度，体现了组织的胸怀，如果真的可能是作为组织的职责所在，可以适当道歉，适当道歉会在一定程度上舒缓民众淤积的社会情绪。

二、新闻发布会的注意事项

（一）注意事项

- ◇ 准确界定危机的性质、类型和程度，尽快对外宣布危机的真相和处理的措施；
- ◇ 迅速掌握有关的事实，准备好有关危机的新闻稿及其背景材料，及时回答公众关心的问题；
- ◇ 不要发布不准确的消息，不对危机的原因和结果做缺乏根据的猜测；
- ◇ 回答敏感问题之前须向决策层请示报告，严格按照统一的口径对外发布信息；
- ◇ 主动与新闻界取得联系，建立广泛的消息来源，并与新闻界达成谅解，争取新闻界的合作，及时对新闻界的合作表示感谢；
- ◇ 公开发布新闻的时间，并按照规定的时间发布新闻，尽可能减轻公众电话询问的压力；
- ◇ 充分利用新闻媒介与公众沟通，引导和控制舆论局势；
- ◇ 如果有关危机的新闻报道与事实不符，应及时予以指出并要求更正，但应保持冷静和理性的态度；

◇ 邀请公正、权威的机构或人士发表意见，以提高传播的公信力；

◇ 游说与危机有关的公众对象站到组织一边，尽量化解敌对情绪和猜疑气氛；

◇ 及时向有关方面通报危机处理的进程和结果，以稳定人心。

（二）相关禁忌

一是不要公开假设你不了解的事实，对于记者旨在诱人进行猜测的问题不要回答，铁道部原发言人王勇平就是公开假设自己相信了所谓调查报告后被网民讥笑嘲讽的。

二是不要缩小问题或者企图淡化某一严重问题，因为新闻界很快就会查清真相。

三是不要让故事挤牙膏式的挤出来。因为每次新的披露都会成为一个潜在的大字标题或头条新闻，不如一步到位，休克疗法。

四是不要发布侵犯他人隐私或者因为任何原因指责别人的信息。

五是不要说"无可奉告"的话或发表以记者不得公开引用为前提的评论。如果你不能就某事公开发表评论，你可以解释原因并告诉记者何时能有望获得信息；如果信息根本不能得到，就照直说，但向记者保证只要一有可能就尽快提供信息。

六是不要在媒体和记者中间邀宠。要尊重记者的工作，不要贬低他们抢先报道新闻的敬业精神。

七是不要试图利用媒介的注意力与兴趣来推销部门或自己。在处于危机聚光之下的时候，不要做那些会被看作自我服务的宣传游说。如在上面举到的江西防总办公室副主任在接受央视记者连线时一再强调领导的重视和批示。

第四节 新闻发布会的机制保障

一、让新闻发言人第一时间得到信息

在新闻发言人的机制建设上,重要问题应该让新闻发言人参与口径制定,提前考虑如何发布信息,因为在现实生活中,新闻发言人说话的权力受到限制,所能了解的情况有限,重要的事情没有授权,他自然不敢说。因此必须对新闻发言人充分信任和授权,而不可将之定义为挡箭牌和传声筒。

在我国,新闻发言人大多不参与公权部门重要决策和实际操作,有时对一些核心权威信息掌握并不全面,在被问及有关重要决策和实际操作的具体问题时,由于难以充分满足信息需求,他们很容易给人留下敷衍塞责、虚以应对的不良印象。"7·23"动车追尾事故后新闻发布会招来诸多非议,原因就在于新闻发言人王勇平掌握的救援行动的权威信息并不多,对专业性知识了解不够,从而处在"铁道部权威信息整合不力、供应不足"与"媒体和公众信息需求巨大、要求强烈"的夹缝中,最终成为公众发泄不满情绪的对象。

二、构建综合、动态、多元新闻发布体系和平台

当前媒介生态已经进入了众媒时代,万物皆媒,不可能再依靠传统的

新闻发布会来进行集中信息发布，因为信息的传送早已以秒为计算单位，因此要构建综合动态多元的新闻发布体系和平台，凡涉及公共利益、公众权益、需要广泛知晓的事项和社会关切的事项，以及法律、法规、规章和地方政府规定需要公开的其他事项，均应当通过政府网站、政府公报、新闻发布会、政务微博、政务微信及报刊、广播、电视等方式，依法向社会公开，第一时间公开，互相配合公开，而不是希望一场新闻发布会来解决所有问题和公众疑问。天津"8·12"爆炸事件发生后，天津市政府只是依赖新闻发布会进行信息公开，而对政务微博、政务微信、媒体的微博和微信等弃置一边，最终造成新闻信息发布不够及时、动态，在整个新闻发布会召开期间，有关爆炸的谣言不仅没有减少，而且据相关统计显示有27个版本的不同网络谣言，如"方圆两公里内人员全部撤离""700吨氰化钠泄漏毒死全中国人""第一批进火场消防员是临时工""爆炸企业负责人是副市长之子"。而"7·21"北京暴雨事件处置时，北京方面以信息动态跟进为主，发布会仅作为阶段性总结而存在；"11·15"上海静安区住宅大火事件后，上海方面仅16日、23日分别举行两场新闻发布会，其余时间段均通过政府通报、媒体采访、政务微博予以动态回应，充分保证了政府处置的时效性。由此可见，构建完整的信息发布系统，做好动态回应，比单纯倚赖新闻发布会更为有效。

三、建立定期定时召开新闻发布例会制度

个别核心部门可以实行每月召开一次新闻发布例会制度，其他部门可以考虑实行双月发布例会，基层政府部门实行重大新闻及时发布制度，创新发布形式，注重宣传效果，改变原有单向传输的宣传模式，摒弃"一篇

通稿打天下"的传统做法,实现向全媒体新闻发布的对话模式转型。完善与新闻媒体的协调会商制度。新闻发布会前,可邀请部分媒体记者共同策划,就新闻发布会内容、形式、时机等进行细化,以取得更好效果。

四、建构新闻发言人相应的考核、评价和问责机制

新闻发言人工作的好坏并没有作为其政绩的考评指标,而单纯以"是否说错话"决定升降,发言人承受压力恐怕只能用"噪声"来化解了,规避风险的最好办法就是"不说"。

第五节 新闻发布会的话语修辞与应对

新闻发言人作为代表政府机构进行组织传播,向公众传递政府信息的专门人员,是发布会现场代表机构进行修辞活动的主体,这一特殊的角色,使公众会把新闻发言人的话语和态度等同于机构的态度和立场,这就要求发言人具备良好的"修辞能力"。言语风格一方面通过语音、词汇、语法、句子等语言形式标记体现,另一方面也体现在言说过程中表情、神态、手势、身体动作等体态语。二者对塑造新闻发言人的形象、营造良好的传播氛围、达到最佳修辞效果都有着非常重要的作用。从制度层面来说,新闻发言人在公开场合发表的言论需要经过授权统一口径,代表政府的立场,但是其在新闻发布活动中本质上是一个独立的个体,这就要求新闻发言人在实际新闻发布活动中,在不违背政府立场的合理框架内充分展现自身的人格魅力。虽然不能决定言说内容,但可以决定使用何种言语策略和言语

直击人心：社交媒体时代新闻发布与媒体关系管理

风格、态度、语气、语态、遣词造句等都是新闻发言人可以控制的。

一、新闻发布会上的具化修辞

（一）语音

实际话语里，因语义、语法的需要，往往有些音节或词语读得重一些，有些读得轻一些，重音和轻音相对而言，重音一般都是重要语义的负载所在。如在北京"7·21"特大暴雨事件中的第二场发布会上，当谈及市委市政府在本次暴雨灾害事件中采取的主要措施时，发言人在某些词语、词组上重音强调，如紧急部署、多次、全市通力协作、全力以赴、全市服从统一调度等。这种运用逻辑重音突显的初衷在于转移或分散公众对于政府在灾害发生前期预警中的缺位、市政建设中的失职等方面的注意力，使公众更多地了解和关注事件中政府积极施为的努力，但这种意图用"抗灾的积极掩盖防灾的脆弱"的方式，却适得其反，由于过于突显政府施为，而在关键问题上未表态，引起公众不满。

而后来的7月26日晚8时召开的新闻发布会上，发言人语带沉痛地向在场记者通报了此次特大自然灾害中的遇难人员情况之后，他起身鞠了一个躬，以表达对遇难者的哀悼，其话语的悲痛则获得了民众的认可。

（二）词汇

如北京"7·21"特大暴雨事件第二场发布会，当谈及市委市政府在本次暴雨灾害事件中采取的主要措施时，发言人使用了以下词语或词组：

第五章
新闻发布会的准备与组织

紧急部署、多次、全市通力协作、全力以赴、全市服从统一调度,在用词上略显单调、官话、套话。第三场发布会上,"我""你们""我""沉痛的哀悼""亲切的慰问"等词语或词组的使用,通过发言人的个人情感流露塑造了一个有情感的政府形象,则有利于拉近民众与政府的感情距离。

(三)篇章

北京"7·21"特大暴雨事件第二场发布会,主要介绍救灾工作情况,层次清晰、逻辑明确,由"汛情""灾情""措施"三部分组成,但在具体的发布过程中却存在情感失误、发布重心失误的问题。虽然主题基调确定为"灾情通报会",当发言人从主持人手中接过话语权后,开场白虽然树立了对象角色意识,向媒体界的朋友打招呼,但却忽略了本次发布会隐性的对象即遇难者同胞及其家属和广大的社会公众,忽略了一个情感最基本的交流点:向遇难者表示沉痛哀悼,体现修辞主体创造情感的能力缺失。而且关于"政府采取的措施"这一模块占据了本次发言的一半篇幅。

第三场发布会由"情感—事件汇报—感谢—反思"构成了相对完整的言语行为模式。在汇报遇难人员情况之前,发言人两次使用了"经过反复调查确认核实",一方面是向公众解释为何迟迟未更新遇难人员名单,一方面也旨在塑造一个有责任的政府形象。在此次特大暴雨灾害遇难人数发布上,政府经历了"被动发声—失语—主动发声"这样一个过程,并表示"到目前为止,对受灾现场的搜寻工作已基本完成,遇难者统计人数不会再有大的增加,但是一旦发现新的搜寻线索,绝不放弃搜寻",一方面满足了公众的知情权，也契合了公众的内隐情绪。政府的"感谢"与"反思"是本次发布会的一个亮点，"感谢新闻媒体""认真总结反思汲取教训""不断提高防灾减灾水平""希望媒体朋友继续关注和监督"，相较于前两次被动的话语行为，政府不仅主动发声，而且在面对媒体和公众时态度变得更谦逊。

（四）体态语

同样，在第二场发布会中新闻发言人"全市因灾遇难……额……全市因灾……这个……额……人口160.2万人"出现了明显的停顿、磕巴，难以撇清存在隐瞒的嫌疑，灾害面前民众最需要的是真相，含糊其辞、应付公众行为是政府新闻发布的大忌。幸而发言人很快调整状态，使发言顺利进行，在发言过程中频频抬头或者停顿，发言过程与媒体朋友有频繁的眼神交流。

第三场发布会是在舆论重压下政府实施的形象修复策略，相对于第二场在发布词上和情感态度上的缺陷，整个框架是完整的，主发布词是一个成功的修辞文本。但是根据视频资料显示，发言人全程未脱稿，即便是开篇中略显官方的惯用表达方式发言人也未脱稿。整个长达5分多钟的主发布词发布过程中，发言人的体态语为：抬头（5次）、停顿（3次）、翻页（1次）、起立鞠躬（1次），发言过程几乎和媒体无眼神交流。总体上来看虽然相较于前两次发布会政府态度更加谦逊，但由于发言人的体态语之失，致使本次发布会略显生硬。

综合以上分析，在"北京'7·21'特大暴雨灾害"期间政府比较迅速及时地组织召开了新闻发布会，在这三次发布会中政府的话语行为经历了"例行公事"式的汛情、灾情汇报到"谦逊地"致哀、感谢、反思的转

第五章
新闻发布会的准备与组织

变,虽然发言人修辞存在一定程度的缺陷,但发布的内容基本契合了公众情感需求,降低了公众的诘难,化解了危机。

二、领导人的话语修辞

政府领导人所做的会议发言、活动发言作为官方话语的重要组成部分,是政府对外传播的重要内容,是对政府政策、政府形象、政府理念的直观展示。这类讲话具有天然的展示性、引导性、说服性和高传播性。在灾害事件面前,事件发生后的处理期,政府领导人作为整个救灾活动的总指挥、统筹者,一方面需要果断、坚定地安排部署各项救治工作,使科学的决策在相关职能部门内得以有力地执行;另一方面需要以诚挚的关切面对受害群众,使民众摆脱对事件的恐慌树立重建家园的信心。语言作为政府领导人与相关职能部门、媒体、公众沟通的重要媒介和载体,得体、巧妙是实现理想化修辞效果的有效途径。

"7·21"北京特大暴雨事件发生后,时任北京市委书记郭金龙积极发挥领导人作用,深入一线部署各项救灾工作。在这次突发自然灾害事件中首次看到官方在媒体和公众面前指出政府施为、市政基础排水系统建设中存在严重问题后,以低姿态承认工作中的不到位,并组织实行集体默哀行动,国内各大媒体都进行了正面积极的报道,为修复健康的政府形象起到了良好效果。

(一)领导人要善用自身修辞身份

修辞身份是修辞主体固有的自然属性、社会属性和修辞角色的相对社会关系在修辞活动中的具体体现。在"7·21"北京特大暴雨事件部署救灾工作指导会议上，郭金龙利用其作为北京市委书记固有修辞身份的权威地位，在和相关职能部门的沟通中通过官方的话语形式为当下工作指明了方向："一是要以人为本，安全至上，千方百计组织好受灾群众安全转移；二是要充分发挥党员干部先锋模范作用，共产党员要站在一线；三是与解放军、武警官兵并肩作战，共同做好抢险、救灾工作；四是要做好群众转移安置工作，保证群众有饭吃、有水喝；五是做好灾后恢复和消毒防疫工作"。"让精神振作起来，作风硬朗起来，制度执行起来，责任明确起来"，运用排比句式奠定了紧迫的工作基调，针对出现人员伤亡情况和道路车辆被泡情况，强调"确保在主汛期内不再出现一个人员死亡，不再出现积水点特别是下挖式道路车辆被泡现象"；灾害发生后，又提出了"把工作重心转到救灾、善后和维稳，举全市之力打好救灾善后维稳攻坚战""立下军令状，彻底排查，不走过场，不留死角，不留盲点"的要求，表达了其身份与话语修辞的一致性。

（二）利用文化修辞

文化不仅与语言有着密切关系，和修辞也有密切关系，修辞要遵循一定的文化传统。程裕祯认为文化结构可以分为四个层次，其中"行为文化层"是指"人在长期社会交往中约定俗成的习惯和风俗，它是一种社会的、集体的行为，不是个人的随心所欲"。7月27日是灾害事件发生后的第七天，按照民间丧殡习俗传统，人去世后的第七日被称为"头七"，政府领导人积极利用文化修辞，时任北京市委书记郭金龙、市委副书记王安顺、市委副书记吉林等来到位于拒马河畔的房山区十渡镇前头港村，与当地群众一起，向"7·21"特大暴雨事件遇难者鞠躬默哀1分钟，体现了

第五章
新闻发布会的准备与组织

对遇难者生命的尊重,对遇难者家属的关切。在默哀后的发言中,郭金龙运用了惯用的官方话语模式"默哀—悲痛、哀悼、慰问—反思—感谢—有信心",比较完整地表达了其诚挚的关切。

(三)善于利用人称代词,拉近情感距离

话语表达中的人称代词主要用来实现人际功能,拉近两者的关系与情感距离,在政治语篇中,人称代词的使用恰当与否则很重要,这决定话语主体要与受众建立何种关系,其言说内容能否在受众中引起共鸣。在默哀活动发言中,郭金龙一共用了12次"我们",在心理上拉近了和灾民的距离。

三、形象修复修辞

(一)事件命名修辞

突发事件发生后,对事件的命名是一门高深的学问,也是进行形象修复的好机会,尽量降低事件的影响和职能部门的责任,如北京"7·21"暴雨事件中,在新闻发布会的官方说辞中,从原来的"7·21"特大暴雨灾害到"7·21"特大暴雨山洪泥石流灾害的说辞转化,从而为政府加深了灾害事件"无法控制"及"意外事故"的程度,以转移公众加之于身的"市政规划建设、基础设施、应急管理等暴露的诸多问题"。

（二）强调积极救援修辞

例如在"7·21"北京暴雨事件中，政府在新闻发布会上一直向公众强调的是灾害发生后政府的积极施救行为，来树立自身的正面形象，以寻求社会支持和谅解，减少外界对其消极行为的负面情绪，如市委相关领导带头为灾民捐款、在发布会上公布详细的遇难者信息、"头七"当天市领导亲临重灾区参与集体默哀活动，以示对受害者予以"补偿"。

（三）及时调整新闻发布话语修辞

在"7·21"北京暴雨事件新闻发布会上，北京市政府在灾害造成的死亡人数这个核心问题上，经历了"被追问—缄默失语—主动公开"的过程，新闻发布会上的话语修辞也经历了"单纯事件汇报"到"情感—事件汇报—感谢—反思"相对完整的言语行为模式，从多方面入手"修正行为"，以恢复正面形象，满足公众的心理预期。

（四）放低姿态、真诚道歉的行为修辞

对于突发自然灾害事件，多是天灾，不需要政府对公众进行道歉，"7·21"北京暴雨事件中，北京市政府虽然也没有直接的、明显的道歉行为，但从前后两场次新闻发布会的话语修辞和表达上，可以看到政府所做出的行为修正，并且在第三场发布会，新闻发言人的话语修辞中使用了"感谢""反思"等更谦卑的话语表达方式，并施以"鞠躬"等行为，时任北京市委书记的郭金龙也在公开举行的默哀活动讲话中明确提出"我们必

第五章
新闻发布会的准备与组织

须深刻反思,永远铭记这个教训,不断加强和改进我们的工作",这些某种程度上可以看作政府对公众的一种"道歉"行为。

正如劝服理论中的情感诉求、理性诉求、人格诉求等策略,突发事件发生后,对于公众的诘难,政府应该积极应对,在新闻发布活动中,要有逻辑严密的主发布词,并且随着事件的真相或者原因的不断被发现,可以考虑重新对事件命名。改变民众的刻板印象从话语修辞开始,本身就是理性诉求的表现。而政府领导在突发事件发生后,第一时间亲临事件一线指导相关救援工作,在文化传统中的"头七"到事件现场与当地群众一起对遇难者鞠躬默哀,则是诉诸情感和诉诸人格的体现。

(五)积极承诺做出预期修辞

在新闻发布中要注意预期修辞,既不能对未来发展规划和风险规避毫无预期,又不能预期太满,承诺太多,要积极预期,让民众对事件未来防患于未然充满信心,重塑相关部门的公信力和权威,如"7·21"特大暴雨事件结束的第七日,救援工作已经告一段落,郭金龙在向死难者默哀后公开表示:"特大自然灾害给我们的教训异常深刻,在灾害面前,我们的规划建设、基础设施、应急管理都暴露出许多问题。在这里,想想已经逝去的生命,看看受灾的群众,我们必须深刻反思,永远铭记这个教训,不断加强和改进我们的工作,使我们的规划建设更科学、更符合自然规律;使我们的各项工作更加体现以人为本,确保这样的灾难不再重现。感谢广大群众、基层干部、志愿者和公安干警,你们的奋力拼搏,大大地减少了灾害损失;感谢人民解放军和武警官兵,你们的无私支援,给我们以极大鼓舞和支持;同时也感谢社会各界对这场特大自然灾害的关切,对我们工作的监督、批评和建议,促进我们工作的改进。北京市有信心把善后救灾重建工作做好,使受灾群众尽快得到安置,并在未来工作中为人民过上幸福安康生活更加努力地奋斗。"

第六章
社会危机时的媒体
关系管理

第六章
社会危机时的媒体关系管理

第一节 案例导入：余杭垃圾焚烧厂事件

2014年3月29日,《杭州市环境卫生专业规划修编（2008—2020年）修改完善稿》公示，杭州的垃圾处置分成五个区块，城西（余杭的西部片区和西湖区、拱墅区的部分地区）规划日处置量在3000吨左右，就是指将要建造的九峰垃圾焚烧厂。4月24日，张晖等人组建了环保维权QQ群进行讨论和信息传播，并在周末组织车队到杭州市区游行宣传。他们向杭州市规划局提交了一份2万多人反对九峰垃圾焚烧发电厂的联合签名，以及52人要求对《完善稿》公示提出听证的申请。杭州市规划局在4月24日出具一份书面答复，称将对这些申请材料予以承办、给予答复。针对2万多人的联名反对和听证申请，杭州市本地媒体曾发表专家的意见。浙江大学热能工程研究所黄群星博士说，在焚烧厂里，储存垃圾的垃圾坑是负压密闭，不会有臭味外泄的问题。2万多人反对九峰垃圾焚烧发电厂的联合签名和听证申请递交上去后，除了本地媒体通过专家之口称垃圾焚烧安全外，他们没有得到政府的正面答复。

村民堵路始于5月8日。那天有人偷偷运送垃圾焚烧厂的打孔勘探设备进入该厂被发现，村民们将他们连人带设备都赶跑。为防他们卷土重来，村民们聚集起来日夜守护。显然，村民认为垃圾焚烧厂非法开工是此次事件的燃爆点。5月9日，余杭区政府的《关于九峰环境能源项目的通告》，明确了在没有履行完法定程序和征得群众理解支持的情况下一定不开工，九峰矿区停止一切与项目有关的作业活动。同时，九峰项目前期过程中，将邀请群众全程参与，充分听取和征求大家意见，保证广大群众的知情权和参与权。同日，余杭区政府派千人入村进行安抚工作。

5月10日上午9时许，在九峰村通往焚烧发电厂建造地的一条长约500米、宽5米的柏油路上，聚集了5000多人，都是来自附近村和余杭区的居民。下午3时许，有居民爬到穿过九峰村的02省道和高速路上，想让过往车辆看到他们的抗议，造成车辆拥堵。期间，大批警力到现场维持秩序，双方发生了言语、肢体冲突。消息迅速在网络上蔓延，并出现打死人的传言。直至2014年5月11日凌晨零时许，现场秩序基本恢复正常。整个事件处置过程中，并没有出现如网络上传言的人员死亡情况。5月11日下午4点，杭州市政府召开新闻发布会，就杭州城西余杭区九峰垃圾焚烧项目做出必要的解释，并对2014年5月10日数千群众在余杭中泰及附近地区聚集一事做权威发布。时任余杭区副区长施建华在通报会上介绍，九峰垃圾处理厂现在处于前期规划论证阶段，过程很漫长需要环评，在没有履行完法定程序、没得到周边群众理解支持之前，绝不开工。时任杭州市规划局局长张勤在通报会上就媒体是否会进行市民听证的提问介绍说，一定会有沟通和交流环节，形式会根据将来沟通的情况来决定。在这个过程中要认真听取市民意见。杭州市余杭区法院、检察院、公安分局和司法局于5月11日联合发布的《关于敦促违法犯罪人员投案自首的通告》。官方的联合通报，还配有掀翻、烧毁警车，以及殴打民警的视频。这次因为建设九峰垃圾焚烧发电厂导致的群体性事件正在逐渐平息下去。即使在发

第六章
社会危机时的媒体关系管理

生冲突之后的5月12日,中泰街道办事处院内仍有上百人聚集。同日,余杭中泰事件中53名犯罪嫌疑人被依法刑拘,11名违法犯罪嫌疑人主动向警方投案。5月14日,余杭区公安局官方微博公开民众殴打警察的视频片段。

综合来看,此次舆情应对和新闻发布的步骤如下。

一是在事件发生期——杭州居民反对建设垃圾焚烧发电厂。媒体报道(人民网)杭州城区居民及周边村民向杭州市规划局提交联名信,反对建设九峰垃圾焚烧发电厂,部分市民还要求对前述修改完善稿公示听证,政府在当日就由杭州市规划局出具书面回应,称将对这些申请材料予以承办、给予答复。

二是事件发酵期——杭州专家媒体沟通会召开,村民发现发电厂开工信号。5月8日发现有人偷偷向沥青搅拌厂运送垃圾焚烧厂勘探设备后,大部分民众开始聚集到一起。政府应对措施:杭州市专门召开了垃圾处置专家媒体沟通会;余杭区政府的《关于九峰环境能源项目的通告》,明确了在没有履行完法定程序和征得群众理解支持的情况下一定不开工,九峰矿区停止一切与项目有关的作业活动。同时,九峰项目前期过程中,将邀请群众全程参与,充分听取和征求大家意见,保证广大群众的知情权和参与权。同日,余杭区政府派千人入村进行安抚工作。

三是事件发展期——居民抗议造成道路拥堵,民警和群众发生冲突,双方都有受伤。5月10日下午3时许,有居民爬到穿过九峰村的02省道和高速路上,想让过往车辆看到他们的抗议,造成车辆拥堵。期间,大批警力到现场维持秩序,双方发生了言语、肢体冲突。政府应对措施:杭州市召开新闻发布会通报"5·10事件"情况,杭州市委常委、常务副市长徐立毅表示,全程确保群众知情权,一定要把这个项目做成能求取最大公约数的项目。杭州市公安局副局长边卫跃在上述发布会上表示,当时聚集人员封堵 02 省道和杭徽高速公路,一度造成交通中断,并有人趁机打砸车辆、围攻殴打执法管理人员。有多名民警、辅警、群众不同程度受伤,数辆警车和社会车辆被掀翻。边卫跃说:"事件处置过程中,没有出现网上传闻的人员死亡情况。""到 12 日零时许,现场大部分人员散去,现场秩序基本恢复正常。"边卫跃表示,这起事件已从原来的表达诉求转变成聚众破坏交通秩序、公共秩序,危害公共安全,危害公民人身安全等严重违法犯罪活动。余杭区法院、检察院、公安分局、司法局 11 日已发布通告,要求此事件中实施聚众堵塞交通、毁坏公私财物、行凶伤人、制造传播谣言等行为的人员,主动到公安司法机关投案自首。

可以看出,杭州垃圾焚烧项目所面临的窘境是"邻避效应"在中国的典型反映,无论是早期的厦门、大连 PX 项目,还是此次的杭州垃圾焚烧项目,官民之间信息不对称,民众对官方的工作不了解,只好对政府做最坏揣测,得出"未通过环评就秘密开工"的结论,从而导致民众走上街头,以聚集方式抗议政府决议,最终导致项目被搁置,当地民众也不能享受项目所带来的就业等好处,形成官方、企业、民众三方受损局面。

在此次事件中可以看出,传统媒体和微博对于事件的反应速度和节奏是不同的,但是总体的趋势是一致的,而且持续的时间都很短,这表现出了目前媒体对于社会热点事件的反映呈现出"昙花一现"的特点。

第二节 社交媒体时代危机时的媒体状态

美国白宫前发言人弗莱舍曾说:"平日里,媒体仿佛一群嗡嗡作响的

第六章
社会危机时的媒体关系管理

蚊子,你根本不在乎它;而一旦危机发生,媒体就成了一头20吨的大象,向你直扑过来,这时候,你想躲都躲不开了。"因此,在危机信息传播以及无法控制时,必须和媒体打好交道,与媒体打好交道,首先要了解媒体在危机时所表现出来的与平时不同的状态。

一般来说,危机舆情发生后,新闻媒体具有以下"异常的"、共同的特征和状态。

一是集体关注,危机事件发生后记者和媒体会蜂拥而至,将事件置于最大的社会镁光灯下,这是新闻的天性使然。

二是事实让位于观点,危机事件发生后,媒体对事实本身的关注会让位于观点,媒体热衷于寻找事件的原因,或者请权威专家来讨论事件。

三是靠情绪吸引公众,大众媒体很善于在危机事件面前制造出一种情感,并迅速在公众中渲染,形成所谓社会情绪氛围,来吸引公众的关注。

四是对事件真相无情追问,扮演社会监督者的角色对事件的前因后果进行质疑,有一种不达目的誓不罢休的咄咄逼人之感。

五是逐级发难,采用层层升级的形式,先是新闻报道,后是深度调查,紧接着再是评论,从采访到质疑再到拷问,对整个事件都必须挖掘挖掘再挖掘。

六是"快"比"准"重要,危机事件面前媒体追求的往往是速度不是准确,新闻本身是信息的有机运动,因此媒体往往为了抢发新闻,缺少对信息的来源和准确性的详细核实,而追求及时报道。

七是同情弱者,喜欢进行社会评价,媒体作为社会公器,有时会感性化,在危机事件面前表现出对弱者的同情,并偏好放在社会道德的天平上进行评价。

八是反感当事方狡辩，在媒体面前，往往除了道歉，任何话都会被当成是辩解。

第三节 危机中媒体关系处理的步骤

一、危机中媒体关系处理的基本步骤

危机舆情发生后的媒体关系管理步骤大致有以下几个具体环节。

（一）高层决策

中国目前的权力逻辑是只有高一级的政府部门才能约束下级政府的行为，危机舆情应对必须有足够的授权，不然新闻发布制度会成为摆设，新闻发言人会成为挡箭牌。回溯中国新闻发言制度，2013年正好是十周年，2003年非典以后所培养的各个部委所谓的"黄埔一期"的新闻发言人，除了卫计委的毛群安和已经退休的公安部的武和平，其余很多已退出"新闻发言人"岗位，主要的一个原因就是虽然在形式上建立了新闻发言制度，但许多新闻发布由于没有足够的授权和更高层的决策支持而成为挡箭牌。因此，舆情应对从根本上必须取得高层的重视，并获得足够的授权。如北京"7·21"暴雨事件中，北京市常务副市长、"7·21"特大自然灾害善后工作领导小组、北京市防汛抗旱指挥部、北京市政府新闻办等相关负责人均到场参会。两场发布会参会人员结构都相对稳定，记者在主题范围内的提问均能得到清晰完整的回答。但观察"8·12"

第六章
社会危机时的媒体关系管理

天津爆炸事件中,六次新闻发布会,不仅历次参会人员均有变化,更因人员安排不当使得现场官员回答时出现了"相关单位没有参加这场新闻发布会""这不是我的职责"等不当言论。统筹新闻发布会,兼顾各部门信息回应需要,通过充分授权构建稳定的发布会成员,对新闻发布会的成功与否至关重要。

天津市政府组织的前六场新闻发布会参会人员每次均有变化,新闻发布会信源不一致,官方回应层级不统一,新闻发布会未见分管主政官员出席,首场新闻发布会也没有安监部门出席,备受诟病。此后的新闻发布会上,虽安监部门有所回应,但按照应急管理应该出席的分管市领导却迟迟未见露面。网上质疑"副市长哪去了"的声音更趋强势。面对重大灾难事故,需要顶格回应,这本是危机处置、舆情应对的基本法则。

建立危机处理小组:在高层决策下,迅速建立危机处理小组。危机处理小组是组织上的保证,以便后续统一口径。

启动危机预案:基层部门也要有完备的危机预案,尤其是在目前危机成为社会新常态的今天,有可能的话,平时需要进行一定的演练,确保各部门能够有机协调起来。

指定新闻发言人:对于基层部门来说,要加强新闻发言人队伍的建设,尤其是素质过硬、形象良好、临场处理能力超强的新闻发言人的选用。

统一口径:统一口径是必须要强调的,对事件的定性和处理措施要做到信源固定、信息一致,切不可信息多元,胡乱发布,天津8·12爆炸事件中,多场发布会前后既有市一级官员,也有区一级官员,并有卫生消防、民政环保部门参会,团组织和民间救援组织也有列席,甚至天津团委书记也出席了新闻发布会,舆论不了解为何官方与会者不断变化,质疑这是新闻发布,还是工作汇报,也因出席人员不断变化,发布会上"相关单位没参加这场发布会"的搪塞以及"这不是我的职责"的推诿,招致外界诸多批评。

设立记者接待机构和媒体专线:危机发生后,记者必然会蜂拥而至,因此必须有专门的机构来负责接待,以免出现混乱的局面,使得危机更加雪上加霜。

准备应急稿件和说明资料:新闻媒体都希望第一时间获取最为权威、全面的信息,因此成立危机处理小组后,应该选择一些文笔不错,具有一定新闻写作业务能力的人员准备材料,针对不同情况准备不同新闻通稿和说明材料,做到手中有粮心中不慌。

严明新闻纪律,未经许可其他部门不得随意接受采访:为统一对外口径,严明新闻纪律,除了危机处理小组外,其他部门和个人不得随意接受采访。例如,2015年发生的山东平邑居民在自家房屋被烧死亡的事件中,有记者致电平邑县指挥中心,一名男性工作人员称:"这都是小道消息,死者是自焚还是被人放火烧死还不确定,目前事发原因还在进一步调查中。"针对现场是否有一名管姓书记参与强拆问题,上述工作人员表示:"你想啊,他一个书记不可能干那种事吧?"该工作人员脱离组织身份,以个人名义发言引起了民众更多的猜疑。

(二)立即做出反应

危机处理小组成立后应该第一时间做出反应,避免信息真空,出现不利报道,也可以为社会民众树立主动的形象,作为危机的第一定义者为危机状况定下基调,同时也有利于成为媒体可靠和可信赖的信息源,避免让组织形象在公众中固化,形成不利于己方的刻板印象。

第六章
社会危机时的媒体关系管理

（三）主动行动

危机处理小组成立后，要迅速行动起来，不可等着媒体来采访才有所行动，要记住表态也是行动，再简短的表态也比传言强；要反复告诉媒体和公众"我们在做什么"；建立定期定点发布制度，频繁与媒体沟通，持续发布信息，不能让媒体来设定议程，而应由新闻发布来为媒体设置议程。

（四）外部求援，权威代言

寻求外部支援主要有以下两个路径：一是聘请专家顾问，成为危机事件智库和智囊，善于利用外脑，如聘请行业、新闻、公关、法律顾问等专家，组成危机应对顾问团队，及时为事件处理把脉，提供可以选择的路径；二是要积极争取网络意见领袖，组织网络意见领袖以观察团等形式介入事件的处理和调查中来。

（五）积极引导舆论

舆论引导首先必须评估舆情，要关注媒体动向、分析新闻报道、调查公众观点、浏览网上信息、聆听公众反馈、认定利益相关人，进而了解舆论关注的焦点、兴奋点等，才能有的放矢，进行积极引导。

另外，舆论引导并不是传统意义上所理解的靠简单的信息优势来引导舆论，危机事件发生后，必须反复表明态度及做法，引导舆论方向，将舆论引向自己圈定的话题，并把新的情况及时告知媒体，赢得时间和媒体的好感。

（六）评估舆情

评估舆情主要着眼于以下几类主体：一是关注媒体动向，分析新闻报道；二是通过舆情信息采集或网络调查，了解公众的基本观点；三是浏览网上信息，聆听公众反馈；四是积极寻找利益相关人，了解其实际需求。

（七）修复形象

修复形象的做法概括起来主要有以下几点：一是要勇于认错，诚恳地向公众表达歉意；二是诚心补偿，公布操作方便的补偿措施；三是突出优点，向媒体提供确凿、可读性强的正面信息；四是纠正过失，加强整改的后续报道，展示新措施、新政策或改进的时间表；五是号召行动，号召公众采取防御措施或参与公益援助。

在突发事件的事后阶段，政府要善于从灾难和错误中发现问题，改进工作，学会通过媒体重建声誉、重塑形象。政府新闻发布除了要着眼于社会秩序恢复过程中的政策安排、决策规划等基本事实外，还应对灾难本身和引发事件的深层次原因进行反思，尤其要反思原有制度设计中存在的问题，认真总结经验，努力探讨改革与创新的路径。

突发事件事后阶段应对媒体"回访"予以高度重视。影响力较大的重大突发事件，其发生的半年、一年、两年、三年等时间节点，都会引起媒体记者的持续关注与回访。此外，事后阶段还应该开展政府突发事件新闻发布的评估工作，对事件发生及应急处置过程中的新闻发布和舆论引导的情况及效果从经验和教训两方面进行全面总结和评估，并以此为依据对已

第六章
社会危机时的媒体关系管理

有的突发事件新闻发布预案进行修订，制定更加科学的新闻传播策略，提高突发事件新闻发布的针对性和舆论引导的有效性。

二、危机时舆情应对策略体系建设

（一）事件回应的四计

◇ 兵贵神速法：事件回应必须神速，合理的回应时间是在事件发生后的4小时内；

事件回应	舆情应对	事件处理	媒体沟通	声誉恢复
兵贵神速法	源头控制法	承担责任法	持续发布法	形象再造法
开诚布公法	换位思考法	责任切割法	口径一致法	痛改前非法
适度回应法	舆论主导法	诚意道歉法	公开透明法	亡羊补牢法
切中要害法	话题转移法	适度承诺法	平等沟通法	反败为胜法
	主动迎战法	负荆请罪法	息事宁人法	公益补救法
	舆情跟踪法	统一战线法	攻心为上法	
	权威声援法	产品召回法	统筹大局法	
	合作双赢法	权威证明法		
		监管介入法		
		妥协求和法		
		攘外安内法		
		体验消疑法		

图13 危机应对策略体系的五要素及三十六计

◇ 开诚布公法：态度诚恳，公开透明，对事件真相不要挤牙膏式的一点一点暴露；

◇ 适度回应法：回应要掌握"度"，做好充分准备再回应，注意话语修辞；

◇ 切中要害法：找准民众关注的焦点，不可试图蒙混过关，顾左右而言他。

（二）舆情应对的八计

◇ 源头控制法：找准信息来源，及时进行信息传播控制，不可听之任之；

◇ 换位思考法：除了坐在自己的位置思考，还必须从公众、媒体和上级部门三个角度来进行换位思考；

◇ 舆论主导法：按照民众舆论关注焦点来处理问题，不可一成不变地按照工作流程和制度来行处理；

◇ 话题转移法：必要时，个别事件暂时处理有难度，可以考虑使用话题转移法，顾左右而言他；

◇ 主动迎战法：针对民众关注焦点，开诚布公，主动出击，主动回应，及时堵住民众关注焦点和漏洞；

◇ 舆情跟踪法：做好舆情监测，了解舆情的态势变化和议题转移，抓住社会关注焦点；

◇ 权威声援法：寻找第三方权威介入，如权威专家和权威机构，及时声援，增加话语权威度，避免孤军作战；

◇ 合作双赢法：好的舆情应对绝对不是双输结果，更不是零和博弈，好的应对是双赢结果。

（三）事件处理的十二计

◇ 承担责任法：对事件处理要主动承担责任，切忌寻找显而易见的借

第六章
社会危机时的媒体关系管理

口，以免火上浇油；

◇ 责任切割法：内部及时明确责任，做好责任切割；

◇ 诚意道歉法：舆情处理态度最为重要，道歉必须要有诚意，切忌道歉不真诚；

◇ 适度承诺法：对事件责任及结果进行公开承诺，但注意适度，切忌信口开空头支票；

◇ 负荆请罪法：真诚道歉，必要时对受害者负荆请罪，公开道歉；

◇ 统一战线法：厘清事件的利益相关者，必要时各个击破，形成对己有利的统一战线；

◇ 产品召回法：对企业来说，产品出现问题，要建立健全产品召回制度，树立企业信誉；

◇ 权威证明法：必要时，对民众质疑，可以出具相关第三方的证明、鉴定等；

◇ 监管介入法：事件处理中，有必要时可以请监管部门介入，避免直面社会民众；

◇ 妥协求和法：个别事件的责任很明确在己方，注意协调，必要时考虑妥协，以免事态进一步扩大；

◇ 攘外安内法：许多组织的负面信息都是内部人泄密的，扮演着"深喉"的角色，事件处理必须做好内部公关，协调好内部关系再一致对外；

◇ 体验消疑法：对于民众的质疑，可以考虑组织体验团和真相观察团介入，让公信力更强的人来为自己说话。

（四）媒体沟通的七计

◇ 持续发布法：对待媒体切不可避之唯恐不及，相反，一旦遇到负面舆情要及时依靠媒体，持续进行信息发布，一定要坚信"你不找他，他会找你"；

◇ 口径一致法：对外信息发布必须做到口径一致，切忌多渠道信息发布，或者前后说辞不一；

◇ 公开透明法：对待媒体必须保持公开透明，切忌遮遮掩掩，犹抱琵琶半遮面；

◇ 平等沟通法：与媒体打交道，一方面勿妄自菲薄，委曲求全；另一方面也避免让媒体产生高高在上，事事都不配合的印象；

◇ 息事宁人法：对待媒体沟通要本着息事宁人，切忌制造更多的话题由头被媒体抓到大做文章；

◇ 攻心为上法：对待媒体，要注意真诚沟通，将心比心，攻心为上，切忌流于形式；

◇ 统筹大局法：对待媒体要注意统筹大局，对传统媒体、新媒体等要区别对待，统筹处理，不可统一对待。

（五）声誉恢复的五计

◇ 形象再造法：事件结束后，必须着手形象再造，不可听之任之形成刻板印象；

◇ 痛改前非法：制定措施，改变现有的机制漏洞，给公众以洗心革面、痛改前非的好印象；

第六章
社会危机时的媒体关系管理

◇ 亡羊补牢法：亡羊补牢，犹未晚矣，及时修补可能出现问题的制度漏洞，避免类似事件再次发生，并让公众知晓相关措施；

◇ 反败为胜法：危机应对的最高境界是转危为机，如之前提到的会理悬浮门事件，危机的背后其实是机遇；

◇ 公益补救法：通过公益活动及时地补救受损的组织声誉，公益活动的开展必须让更大范围公众获知，公益活动切忌模式化宣传，如花了多少钱，建了多少学校等，而应从受资助者个体情况展开讲故事。

三、危机时媒体应对的上中下策略选择

对待网络舆情有不同的策略选择，概括起来有以下三种。

（一）上策选择：重建社会信任

重建社会信任是将危机可能造成的对组织形象受损的部分重新修补好，建构公众对组织的信任，这是危机应对的较高目标。

实现重建社会信任的要点有以下几个方面：一是尽快确认危机并第一时间控制危机；二是积极开展必要的社会心理救治和介入；三是积极开展公关，切忌制造沟通障碍。

主要的做法概括起来有以下几个要点：一是要勇于认错，诚恳地向公众表达歉意；二是诚心补偿，公布操作方便的补偿措施；三是突出优点，向媒体提供确凿、可读性强的正面信息；四是纠正过失，加强整改的后续报道，展示新措施、新政策或改进的时间表；五是号召行动，号召公众采取防御措施或参与公益援助。

（二）中策选择：转移焦点

转移焦点的核心理念是设置新的话题议程，转移焦点矛盾，将社会的关注度迅速从本焦点事件中转移，形成新的社会兴趣点，因为公众的精力是有限的。

实现转移焦点的中策的常见做法如下：一是避难就易，将容易的首先解决，难点的问题可以适当放一下，让公众知道在做事情；二是区别对待，对不同的利益相关群体进行区别对待，亟待解决的及时解决，对相对利益疏远者可以适当缓一缓；三是巧换概念，对于公众关注的焦点问题可以适当更换概念，降低社会预期和关注焦点；四是展现愿景，实质上是画饼充饥，通过大家对未来的期许转移目前的矛盾焦点；五是制造新闻事件，重新制造新的新闻事件，进而转移关注焦点。

（三）下策选择：寻找替罪羊

在以上措施都得不到解决时，只能壮士断腕，寻找替罪羊，只能靠迫不得已牺牲局部利益来保全整体利益，但要注意避免出现"临时工"替罪的嫌疑。当然这是下策之选。

第四节　危机时媒体关系处理的心理技巧

媒体关系处理时必须要注意以下几点心理技巧。

第六章
社会危机时的媒体关系管理

一、要树立良好的个人形象

无论是新闻发布还是媒体接待，必须安排合适的人来处理，尤其是要在记者心目中树立良好的个人形象，因为第一印象特别重要，即使是相对负面的信息，也要让新闻发言人呈现出良好的形象，这是加分的。

二、时刻表达同情和关心

媒体应对和新闻发布中必须要把人性化放在第一位，让公众感受到你的关心，切不可给人麻木不仁的冷漠印象。例如陕西安监局局长杨达才在事故现场的不经意一笑，成为公众关注的焦点。又如，天津"8·12"爆炸案发生后的新闻发布会上，新闻发言人一句"见到大家很高兴"引起了记者的反感。

三、第一时间阐明情况，弄清楚多少说多少

事件发生后，任何人都想知道事件的原因、真相和危害情况，因此必须第一时间来说明情况，即使掌握的信息不够全面，也要弄清楚多少说多少。

四、绝对不能说假话

欺骗媒体等于欺骗公众，失信媒体等于失信天下，同时也会降低媒体的信任，导致后期双方缺乏互信基础。

五、及时发布哪怕一丁点好消息，不要总重复负面内容

忘记坏消息的办法就是让一条好消息迅速地传播，不要总是重复负面内容和信息，勿以善小而不为，把很容易做到的承诺大规模地发布出来，因为媒体不能决定公众怎样去想，却可以决定让公众想什么。

六、不回避暂时无法回答的问题

对暂时无法回答的信息也不要说无可奉告，要把目前已经掌握的信息及时公布，向记者保证一旦有任何新的信息都会及时发布。例如，8·12天津爆炸事件中，第一场新闻发布会中回答记者"危险品仓库按照规定应该离居民区多远"，官方称"还是蛮远的"；第二场发布会中无视记者喊话"只峰是谁？"参与新闻发布的官员径直离场；第三场发布会中新闻发言人直接给出"专家不在，我要与我的同事商量一下"的回答。

七、适时示弱

危机一旦发生，作为主要涉事方在道义上是有所亏欠的，不管结果如何，有必要适时示弱，不要在媒体面前表现出强硬的态度。

八、不轻易代替专家对专业问题做出判断

许多危机事件的原因认定和结果需要专业机构和专家来进行阐释和做出判断，不可轻易代替专家直接下结论做判断，否则可能会落人口实，如温州动车事故发生后，王勇平一句"反正我是信了"最终沦为民众调侃的对象。

第六章
社会危机时的媒体关系管理

九、不过度承诺

按照目前的条件能做多少做多少,不要过度承诺和开空头支票,虽然有时能够暂时平息社会愤怒,但一旦无法兑现将再也没有对话的资格。

十、发生危机后,不要让它再有后续的新闻点

危机发生后,涉事部门本来就成为社会关注焦点,一言一行都被媒体所关注,因此注意不能让自己再有后续的新闻点爆出,否则会雪上加霜,如兰州污水事件发生后,很快又有爆料说自来水厂早被外企收购,成为民众关注的另一个焦点。

十一、除非万不得已并有十足把握,不要诉诸法律

任何指控媒体的行为都可能引起媒体的集体防卫,以捍卫他们的整体利益,对引导舆论十分不利。

第五节 危机发生时媒体应对的表达技巧

一、表达技巧与原则

(一)简明扼要,观点鲜明

面对媒体表达要简明扼要,不能絮絮叨叨,或者支支吾吾,要观点鲜

明，态度明确，切忌和稀泥，希望通过打马虎眼躲过媒体的关注和追问。

（二）用数字说明问题

面对媒体发言，要注重数据说话，数据本身很容易成为新闻媒体报道的焦点和标题，不要空来空去地讲成绩，而应要有数据，要言之有物，以增强语言的说服力量。

（三）不假设和预测

危机事件发生后，事情还在发展，不可轻易假设和预测，事情进展到何种程度就回答到何种程度；不回答任何假设性的问题，不讨论所谓"最坏的情况"，坚持以已知事实为依据的原则。例如，一记者问美前副国务卿阿米蒂奇："你刚才提到美国政府不支持台湾独立。但如果有一天台湾海峡两岸人民都同意台湾独立，美国政策会发生什么变化？会继续坚持不支持台湾独立的政策吗？"阿米蒂奇答："用词是很重要的。在我们说不支持时，这是一回事。这与说我们反对'台独'是不同的。如果海峡两岸人民达成解决的办法，很明显美国是不会反对的。因此，我们使用'我们不支持台独'这一词。这是应由两岸人民解决的问题。"对于记者的这一假设问题，阿米蒂奇如果回避不答，什么事情都不会发生。但他答了，结果被一些记者恶意炒作，被演绎为美国"既不支持，也不反对台湾独立"，变成了一个外交事件，引起海峡两岸和国际社会的强烈反应。记者纷纷打电话询问美政府，美国官员最后不得不出面澄清。很明显，阿米蒂奇是被这个"如果"绕进去了。

第六章
社会危机时的媒体关系管理

（四）牢牢把握核心观点

个别新闻接待人员面对媒体咄咄逼人的询问会改变自己设定的核心观点，被记者牵着鼻子走，按照记者设好的逻辑和"圈套"来回答问题，而改变了自己的核心观点。

（五）不能提供任何信息也要充分表现出与媒体合作的态度

公共关系之父伯奈斯曾说："遇到危机的时候，你无法改变事实，但是可以改变公众对你的看法。"而媒体在其中扮演重要桥接点和润滑剂的角色，即使无法有任何新的信息提供时也要表现出与媒体合作的态度，切忌表现出任何的不配合傲慢态度。

（六）形象生动，直观通俗，最易为记者所引用

媒体应对要注意张弛有道，注意话语表达要形象生动，善于用打比方、作对比等方法，直观通俗，也容易被记者所引用，成为话题焦点，有时幽默是最好的外衣。

（七）顺应公众心理

媒体应对之前应该了解公众的急切关注、社会焦点，媒体所问的问题也是公众最为关注的，做到有的放矢，顺应公众的心理，才能使媒体应对真正解开公众的心结。

（八）善用"桥梁法则"

媒体应对应注意使用桥梁法则，在对记者的提问肯定后，善于将记者的关注转移到自己所要表达的事情上来，主动设置媒体应对的议程，比较常用的表述方式是：表态—桥梁语—转移到核心信息。具体来说有以下方式方法：

- ◇ 对记者传递的信息不持异议："是的，但是除了您所说的情况，还有……"
- ◇ 完全不能接受记者提问中传递的信息："不，情况并不是您所说的那样，请允许我来解释一下……"
- ◇ 对记者所提的问题还没有明确的答案："关于这一点我还没有得到明确的信息，不过据我所了解的情况是……"

（九）避免言语失当

在媒体应对中比较忌讳出现以下的话语应对：
- ◇ "任何政府管理部门都可能会发生同类事件。"
- ◇ "事件的发生是由于别人的原因，与我方无关。"
- ◇ "此类事件属于不可抗力。"
- ◇ "是你们弄错了，我们没有问题！"
- ◇ "我感到很遗憾。"
- ◇ "我个人认为……"
- ◇ "我讲的纯属个人意见！"

第六章
社会危机时的媒体关系管理

(十) 不要过早讨论赔偿的问题

在事件处理阶段,不要过早讨论赔偿措施,这些都不是公众最为关注的,如MH370事件中,过早地谈论赔偿和抚恤等,反而引起了网民的质疑和不满,因为在这个时候谈论具体的措施比谈赔偿更有说服力。

(十一) 不要说"无可奉告"

在实践中,很多部门发言人应对媒体,经常说的是无可奉告,但这样很容易造成在掩盖真相、不作为的刻板印象,即使自己真的不了解最新情况,也要表示:"暂时这是最新的消息了,后续有新的情况我会第一时间跟各位联系说明。"

(十二) 尊重提问

在新闻发布会时,有四个禁忌:一是不打断对方,这是对记者最基本的尊重;二是不补充对方;三是不纠正对方;四是不质疑对方。

(十三) 避免点头

在新闻发布会或者电视出镜时,切忌为了迎合记者,不住点头,一是影响形象,二是与自身定位存在差异。

（十四）不评论和攻击他人

"千万不要把大火引向邻居"，比如杭州突然摇号政策事件出现后，南京也盛传将摇号，南京相关官员在面对媒体时明确表示"我们绝不学杭州突然限号"，这种有点祸水东移的措施是十分不当的。

（十五）不要攻击和诘难媒体

虽然新闻媒体可能存在这样那样的缺陷，但正如斯特拉特福德·谢尔曼所说："向媒体宣战，虽然听上去很诱人，但却是一场根本无法打赢的战争。"尤其是在新闻发布会上，不要给记者难看和过分辩论，因为新闻发布会不是辩论会。

（十六）不要试图借助危机事件宣传自己

比较典型的例子是 2013 年 4 月 20 日芦山地震发生后，央视连线雅安原市委书记，在他开始历数四川省党政军领导奔赴地震灾区情况时，央视主播长啸打断说："这个我们可能比你知道的多些，说说现在采取了哪些措施吧。"毫不夸张地说，这位官员对受灾情况、群众转移情况的茫然与对领导名单、上级指示的热情，生动地反映出了一些地方官员对新闻表达的一窍不通：哪怕被主持人一再打断，一再提醒，该负责人还是把话题牢牢绑定在上级领导的"关心"和指示上。

第六章
社会危机时的媒体关系管理

二、具体表达技巧

(一) 善于使用过渡短语

◇ 必须要记住的是……

◇ 我没有权力评价一个还未判决的诉讼，但是我能告诉你的是……

◇ 我们谈论另一个话题之前，我想补充……

◇ 你说的很重要，但目前更重要的是……

◇ 对于这件事来说，还有很多可以探讨的地方，特别是……

◇ 在这件事上，我特别希望你明白的是……

◇ 不错，你的观点很好，但是我们主要考虑的是……

◇ 这让我想起了……

(二) 要善于总结

◇ 这就是我们为什么认为……

◇ 当我们考虑到这些我刚刚告诉你的事实时……

◇ 我们会继续坚持做那些曾经带给我们成功的事情……

◇ 正如我所说的……

◇ 这些意味着……

◇ 这是最精彩的部分……

◇ 最重要一点是……

（三）危机时新闻应对的"四个不如"

◇ 别人说不如自己说；

◇ 大家说不如专人说；

◇ 外行说不如内行说；

◇ 被动说不如主动说。

第六节 灾难性事故的新闻发布

作为基层政府部门来说，面对最多的负面信息主要是突发灾害性事故，如重大交通事故、公共卫生事件、地质灾害等，对于这类危机事件，相对比较特殊，应对起来也有一套相对固定的策略。

灾害性事故发生后，应该及时发布的信息必须包括以下几点：

◇ 伤亡人数及伤亡人员名单：公布遇难者名单是必不可少的环节，这能够体现出政府信息公开透明，能够提振政府公信，能够阻止谣言的产生和危害。准确地说，公布遇难者名单不应是一种选择性的行为，而是必须要做的事。如北京"7·21"特大暴雨事件中，北京市政府及时公开遇难者名单，消弭了社会的质疑和谣言生存的空间；

◇ 经济和财产损失：虽然是物的损失，但也要及时公布，越详细越好，可以及时缓解社会的恐慌和民众的猜测；

◇ 事件发生的时间和地点：这两个要素是公众构建新闻图景的最核心所在；

◇ 与事件直接相关的背景资料：如灾难中涉及的一些专业性名词和地名等，需要辅以说明，增强公众对该灾难性事故背景了解的直观感；

第六章
社会危机时的媒体关系管理

◇ 本部门的基本情况。

至于其他信息，可以根据本部门的情况进行延展，比如领导的批示等。

作为灾害性事故，不宜发布的消息主要是：一是对事故的推测；二是事故的原因和责任。如上面所述，要"快说情况，慎说原因"。

一般来说，发布伤亡名单的顺序：家属→记者→公开。在遇难者家属了解详情之前，不要对外公开遇难者的姓名，以免刺激家属。

在灾害性事故的新闻发布中要注意，突发事件最可怕的不是记者抢发新闻，而是记者抢发了不是来自于政府的新闻。而不懂得应对媒体的领导，在解决突发事件的过程中，不断制造新的突发事件、新的危机。

第七节 危机时媒体关系管理的机制保障建设

舆情应对除了技巧上的策略外，必须强化新闻发布意识，突发事件的新闻发布工作，是突发事件处置工作的有机组成部分，新闻发布工作的好坏也应成为各地党政部门"政绩"的组成部分。党政部门主要负责人的新闻发布意识尤为关键。党政部门"一把手"要切实树立围绕中心、服务大局的意识，视党和国家形象为自己的形象，真正把新闻发布工作推上一个新台阶。突发事件新闻发布工作的高水平源于日常新闻发布工作的积累。各地党政部门新闻发言人及其团队要重视日常新闻发布工作。要加强培训工作，结合突发事件新闻发布典型案例定期组织交流研讨活动，不断提升工作能力和水平。

另外，必须构建完善的体制和机制，以此为基础才能制定出细致的新闻发布工作预案。对突发事件发生后的情况，必须要有新闻发布工作预案。这种预案必须维护大局，符合党和国家的根本利益，符合舆论引导的规律，而不能囿于地方利益。突发事件发生后，要在第一时间启动新闻发布应急预案，建立新闻发布工作机构，组织开展各项工作，包括舆情收集研判、舆论引导议程策划、新闻发布内容准备、发布会现场管理、媒体报道组织和新闻发布效果评估等。

只有好的机制做保障才能在面对任何危机时从容不迫。好的机制必须具备以下条件：一是必须明确权责；二是必须简单易行高效；三是必须长效化。

一、机制保障建设

对于基层政府来说，网络舆情应对的机制建设可以从以下几个方面开展。

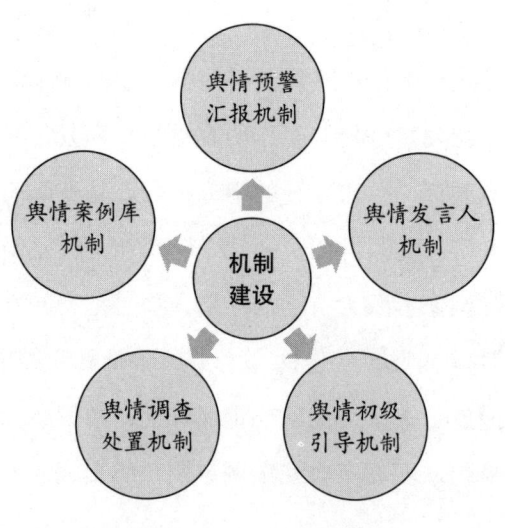

图 14　危机应对机制建设

第六章
社会危机时的媒体关系管理

（一）网络舆情发言人机制

网络发言人制度是政府部门为使民意得到充分表达、积极应对网络监督、正确引导网络舆情、促进政府信息公开、落实民众知情权与表达权、树立良好政府形象而建立的一种网络行政制度，其核心是通过网络发言人及时、准确地发布政务信息和回复网民诉求，在普通民众与政府之间搭建一条政策与民意互动的新通道，同时以实名方式通过回帖发布权威信息，及时澄清虚假、不完整流言，正确引导网络舆情，营造良好的舆论环境。发言人制度加快了政务公开化进程，扫除了政治封闭性、神秘化的色彩，新闻发言人制度已经成为政府管理和服务的必要和有效方式，在政府与公众沟通中体现了它的实际价值和效能。

在党政机关和企事业单位等全面设立网络发言人，主要职责是发现网络舆情，立即展开调查，再实名发帖公开调查结果，回复网民相关疑问。同时规定一则网络舆情从发帖起，做到3个小时回应受理，5个工作日办结回复，7个工作日解释说明。

另外，"网络发言人"有定期发布信息的机制以及和网民沟通交流的机制，每周至少在网上有一次信息发布，每天在网络都应该有发言，如北京新闻办网络发言人每天至少要进行3～5场的新闻发布，同时要鼓励"网络发言人"以在线交流、多方会议等方式，就社会热点难点问题与网友进行交流与探讨。

（二）舆情调查处置机制

舆情调查处置机制包括一系列子机制，首先要建立网络信息采集反馈机制。网络舆情作为社会公众意见表达的渠道，反映了一定的社情民意。应对网络舆情，需建立多层次、全方位的网络舆情信息采集和反馈机制，力争及时发现问题，把问题扼杀于萌芽，化解危机于摇篮期。同时，在舆情处置过程中，应切实关注公众反映的问题，对于不合理的要求或暂时无法解决的合理要求，要耐心细致地做好引导工作，及时向公众反馈事件最新进展信息。

其次，要完善网络舆情分析甄别机制。随着网络技术的不断创新，社交类媒介应用崛起，其舆情传播形式更加丰富，传播过程更具隐蔽性和聚合性，网上出现的一条不经意的不良信息都可能会产生无法想象的负面影响。因此，应对网络舆情，需要进行客观、全面、科学的监测、分析与甄别，掌握网络舆情发展趋势。通过舆情监测系统的实时跟踪监测，保证所有网上传播信息能够实现"追根溯源"，从而准确把握与己相关的整体网络舆情动态，敏锐捕捉一些苗头性、倾向性、群体性问题，提高舆情应对预见性。

再次，要拓展网络舆情管理引导机制。当前，我国网民的"低学历、低收入、低年龄"的结构化状态决定了他们网络言论易偏激、自尊心强、逆反心理强、思想情绪化重等特点。而众多社会矛盾、社会问题和社会负面现象的集中爆发，都成为诱发网络群体性事件与舆情危机的重要因素。对此，网络舆情处置工作需要拓展网络舆情管理与引导工作机制。利用自身的媒介平台或者借助社会媒体做好网络舆论的正面引导，发挥自身的意见领袖作用，当舆情危机发生时，同时设置舆论议题有效引导网上舆论，逐步把舆论引向正面轨道。

四是要建构有效的网络舆情应急联动机制。网络舆情的发生、传播发酵是一个复杂的过程，涉及各方面利益，不能只让新闻宣传部门一家来承

第六章
社会危机时的媒体关系管理

担,做好网络舆情应对需要建立完整的网络舆情应急联动机制。建立网络舆情处置指挥中心,平时负责网络舆情监测,遇到舆情事件时,转成网络舆情应对指挥中心,负责协调各部门之间的信息共享和应对策略指导,从而提高舆情应对响应时间,及时消除影响,减轻危害。同时,制定网络舆情应急预案,遇有突发事件及时采取相应手段压缩负面信息的传播,消除负面影响。

(三) 舆情初级引导机制

构建网络舆情的引导机制,首先要本着两大核心精神来建立长效的具有针对性的引导措施,然后根据具体的实际情况再来确立行之有效的引导机制,使之规范化,制度化。根据这两大核心精神要做的,一是实现网络管理由围堵向疏导转变,二是必须持续不断地加强网络舆论引导。

积极搭建网络舆情信息平台,实施网络问政工程,进一步完善统筹协作、应对处置、综合监管、绩效考评等四大子机制,加强网络舆情的及时回应和积极引导,把握网络舆情的主导权。媒体作为一个特殊的平台,既包括传统媒体,也包括以网络为代表的新兴主流媒体,对网络舆情的引导起着承上启下的桥梁作用,同时如果发挥得当,还可以起到1+1>2的舆论效果,因此恰当使用媒体是网络舆论引导的一个有效措施。

(四) 舆情预警汇报机制

建立健全舆情预警汇报机制,首先必须要积极拓宽健全舆情汇集渠道,实现舆情汇集主体的多元化、社会化,还应重视非行政性、学术性、民间研究组织的舆情调研成果。舆情汇集主体的多元化、社会化,将减轻政府工作。例如,北京推行的网格化管理,每个网格设置网格信息报送员,可以将网格内的社情民意的微小变化及时上报,拓展了舆情汇报渠道,对线下舆情预警起到了良好的神经末梢的作用。

其次,要设置有序的舆情上报机制,建立舆情失真责任追究制度。目前的舆情信息传递是"垂直纵向模式",信息传递的层次过多、信息传递链过于冗长,造成各级政府之间的信息沟通处于"逐层递减"和"信息失真"的状态。针对这种情况,可以适当减少舆情上报层次,避免舆情信息失真,并在舆情汇集系统建立舆情直报点,同时正确处理必然会出现的某些舆情失真现象,实行舆情失真责任追究。

再次,要继续强化网络舆情预警机制。由于网络舆情环境本身的复杂性,网络舆情突发事件的发生在某种程度上是难以避免的。因为这种不可控性,强化网络舆情预警机制就显得极为必要。利用舆情监测系统强化舆情预警机制,能够及时对网上舆情传播进行实时监测,一旦出现负面或疑似负面,就会第一时间通知监测人员,以期在"黄金2小时"内化解舆情危机,避免事态向消极的方向发展。

(五)舆情案例库机制

结合历年各地成功应对网络舆情事件的典型案例,可建立专门的网络舆情案例库、数据库。一方面它有利于汲取以往网络舆情事件处理中的经验教训,另一方面也可从网络舆情事件应对的历史演变、梳理中发现规律,为有效应对未来可能发生的网络舆情提供便利参考。

第六章
社会危机时的媒体关系管理

二、案例延伸

(一) 江苏的"一报告、两抄送"制度

江苏要求所有部门发生突发事件,必须在半个小时到两个小时之内报告市政府的应急指挥部门。与此同时,还要抄送宣传部和公安局两个部门。宣传部门可以早一点介入舆论影响的工作,公安局可以介入关于群体事件防范的相关工作。

(二) 北京"五个第一时间"的新闻发布制度

北京有一支整齐的新闻发言人队伍,北京市委、市政府设立了三级新闻发言人,目前有局级发言人200多人,其中许多已成为媒体熟知的"明星发言人"。重视新闻发言人的培训,坚持不间断地培训,本着"上岗必先培训,不培训不得上岗"的原则,从2002年举办第一期新闻发言人培训班开始,到现在已经十多年了。北京市已经形成了很好的机制,所有重大的活动,"兵马未动,媒体先行",市委、市政府的领导都非常重视和支持,市领导带头接受新闻采访,凡有重大活动必有新闻中心,各单位必有新闻发言人,突发事件必有媒体沟通机制。发生突发事件,市委、市政府要求媒体服务工作人员"第一时间到现场、第一时间了解情况、第一时间制定口径、第一时间发布信息、第一时间跟踪舆情",做到"不缺位、不失语",要求大的突发事件及时成立新闻中心,设立热线电话,提供媒体采访需求表,协助联系采访等。

(三)张家口市纪委四个机制创新

张家口市纪委把网络问政舆情监控作为本地特色工作,积极创新,扩大成果,建立健全网络问政舆情组织领导、预警会商、报告共享、业务培训四个机制,打造张家口特色品牌,创建一流的网络问政平台、服务决策平台、舆情监控平台和政务监督平台。

一是成立了由市纪委书记任组长,由市委宣传部、市公安局、市工业和信息化局、张家口日报社、市联通公司等单位主要负责人为成员的网络问政舆情工作领导小组,下设办公室具体负责网络问政舆情的收集、分析、研判与处置工作。二是组建了一支1000多人的网络问政舆情监控工作人员队伍,充分利用博客论坛、网站社区、QQ微信等新媒体技术,实现了对300个敏感站点24小时不间断巡查,掌握舆情热点,捕捉带有苗头性、倾向性、群体性的问题,及时回应社会关切。三是制定了网络问政舆情监控工作规程和协调协作制度,对舆情收集、分析研判、应对处置、受理督办、追究办法等做出具体规定,形成职责明确、程序严格的责任体系。

第八节 新闻发言人制度需要"顶层设计"

一、"顶层设计"是完善新闻发言人制度的关键

"这是一个最好的年代,也是一个最坏的年代;这是一个智慧的年代,也是一个愚昧的年代。"狄更斯在其小说《双城记》开篇语中这句宿命式的名言,似乎适用于每一个发展变化中的大时代。就中国社会的当前发展

第六章
社会危机时的媒体关系管理

而言，人们普遍的心结是，无法判断这是一个最好的年代，还是一个最坏的年代，但几乎人人都可以确认的是——这是一个充满迷宫式选择与错愕的纠结年代。中国传媒业正经历着一场深刻的革命，从未有哪个时代的媒体格局像现在这样纷纷扰扰、乱象横生。传统意义上的"受众"从未像今天这样拥有巨大的传播话语权；而大众传播者也从未如当下这般地拥有如此多的传播技术手段，却对传播影响力的发挥绞尽脑汁、搏命厮杀。互联网趋势研究者谢尔·以色列在其著作《微博力》中指出："我们正处在一个转换的时代——一个全新的交流时代正在代替老朽的、运转不灵的传播时代。"

显然，当前的时代，在历史发展的大坐标系上，正处在一种必须做出某种重大抉择的"紧要关头"。如果说，在非"紧要关头"时，尚可以将关注的重点放在"如何做"这类战术性问题上的话，在"紧要关头"时，必须将关注重点放在"在哪做""做什么"这类战略性的问题上，因为它是"系好衬衣的第一个纽扣"。正是在这个意义上，可以说，方向比速度更重要。

然而，时下的中国传媒如同一个寓言所描述的：在黑夜里，有一个醉汉丢了钱，他在路灯下一圈一圈地寻找，直到倒卧在地。勤奋的记者们完整再现了醉汉是如何转了一圈又一圈，并且访问了他的家属，甚至追溯了他的童年；专家们则争吵不休，有人说他应该再多转一圈，有人说他应该转得更快一点，有人说他为什么醉酒带钱走夜路呢——要么策略有问题要么背后有阴谋，还有人说这"本质上"是一个法治问题，加强酒后理财机制建设势在必行。

这个寓言几乎成了所有社会问题、包括新闻发言人制度问题的公共讨论的"标准模板"：人人都是在醉汉逻辑框定的范式内寻找答案。其实，事实的真相是，钱并不在路灯下，只是因为醉汉觉得灯下最明亮、最便利。这也正是我们目前应对发展中的危机与困境时的真实状态——短视、自欺、直觉主义、饶舌和绕圈子。远见卓识缺位，整体性的理解力丧失，一切流于虚浮和泡沫，最终被一盏路灯、一条新闻或一句断言所遮蔽了。必须指出的是，在当前的"紧要关头"，需要竭力呼唤理论的超越意识和批判力，以及制度的"顶层设计"，以重归时代引领者的关键位置。而选择的大智慧的第一要义是：当前社会外部环境究竟发生了哪些深刻的变化？这些变化意味着什么？接下来，需要做的就是——"有勇气来改变可以改变的事情，有胸怀来接受不可改变的事情，有智慧来分辨两者的不同。"

　　就新闻的社会传播而言，无论形式多么丰富多彩，无非就是两样东西：一是事实；二是意见。新闻传播的制度设计在内容规制方面正是围绕这两个基本内容的范畴而展开的。经过改革开放30余年的发展，特别是经过2001年我国媒介对于"9·11"事件的报道、2003年"非典"事件的报道，国家在制度设计上通过"政府信息公开条例""新闻发言人制度"等的建设，在"重大事件让人民知道"的知情权保障方面，在第一时间第一报道上，已经没有根本性的制度障碍，这是新闻传播领域改革开放的重要成果。

　　但是，在事实报道的及时性方面取得历史性进步的同时，我国在意见表达的多样性方面还在一种约束中踯躅不前。须知，目前已经进入一个历史发展的新时期，整个社会已经不再是建立在"零和博弈"基础上的政治格局，而是建立在"一荣俱荣，一损俱损"的多元社会利益、经济利益的基础上。因此，过去所倡导的那种"不是东风压倒西风，就是西风压倒东风"式的舆论政策已经完全不适应当前的社会政治现实。因为任何社会利益集团的利益受损，都会导致整个社会利益格局的失衡，严重的甚至会导

第六章
社会危机时的媒体关系管理

致社会"大船"的倾覆。因此政策制定必须"兼听",利益分配必须"兼顾"。很显然,意见的多元、舆情的多样是我国现阶段政治发展的基本现实,当传统媒介在"舆论一律"的传统规制下不作为、不反映的情况下,新媒体领域由于其天然的"草根"属性,以及在管控方面的技术难度和成本约束,造成了新媒体领域成为当前中国舆论的主场,这本质上说是制度设计的缺陷造成传统媒介的"失语"和"边缘化",其实质是一种制度性的"失控"。

而以三微一端(微博、微信、微视频和新闻客户端)为代表的新兴传播方式的兴起极大地释放了人们的社会表达,为每一个人都"安装"了向社会喊话的"麦克风"。这种新兴的传播方式造成了一种大众围观的社会格局。更为迅捷的信息流动,更加多样化的意见表达,更多"去中心化"的议程设置和更具侵犯性的"人肉搜索"。作为管理者的信息优势不再,意见权威被解构,时时处在社会的凝视和监督之下。这种"围观时代"的到来,加剧了在舆论引导力方面的困扰、压力甚至危机。

二、政府角色转换以及关系资源的获得是顶层设计的关键

从传播学的意义上看,一种新媒体的出现,不仅仅是增加了一个传播的渠道,更大意义上是社会联结关系的深刻改变,社会游戏规则的改变,舆情生态环境的改变——它会引发一系列沟通关系、利益关系,以及彼此之间力量对比关系的改变,所以面对一种新的媒介,需要更多的技术和智慧含量的应对,其中也包括制度的"顶层设计"的深刻改造,这可能是当前新闻和舆情领域出现各种问题和危机的症结所在。

面对多样化、多元化的舆论,政府应该怎样做呢?政府应该扮演什么

样的角色呢？在今天这种多元化的政治表达、经济表达、利益表达的环境当中，政府的角色也许要发生重要的改变——政府应该成为各种利益的协调者，公共议题的协调、设置和规则维护者，这才是真正重要的角色担当。换言之，当前政府和社会所面对的难题、压力，实际上是多元化的意见表达当中政府的角色扮演问题。如果政府扮演意见的一方必然成为众矢之的，因为政府拥有巨大的资源，如果在现实中选择跟某一个利益集团扭结在一起的时候，整个社会利益平衡就不能保证。显然，如果政府非要在各种利益冲突的扭结中站在某一方，势必将自己置于被动的位置上，成为自媒体"群殴"的对象。政府就应该是扮演协调社会各方利益的角色，政府应该成为公共平台的设立者，游戏制度的制定者，相关利益表达的平衡者，这样一种角色才是政府在当下应该扮演的角色，而不是唯一正确意见表达者的角色——这一点和过去政府角色扮演之间是有着很大差异的，政府应该学会如何在建设和谐社会总目标之下实现自身角色的转变，这是开放性的新闻发布，而不是关起门来，只把自己认为正确的观点和主张说出来，单向进行传播的过程，这就是发布模式的根本性的改变。

其次是舆论引导基本逻辑的改变。在当下复杂多元的利益和意见表达格局之下，人们面对错综复杂的情况赖以做出判断的"论据"意见发生了重大的改变。必须注意到这种改变对于在引导舆论的劝服性传播中所提出的现实要求的改变。过去在相对单一化环境当中，公众缺少信息参照，缺少对多元化意见的了解，所以在信息缺失和信息封闭的情况之下，理性判断、晓之以理、引导群众，是一种有效的方式。今天，单纯用晓之以理、摆事实讲道理说服社会、引导社会已经是比较低效、少效甚至无效的舆论引导方式了。人们认为你在说你的道理，我有我自己的道理——公说公有理，婆说婆有理。意见由于关系范畴，对于不同的主体而言，价值判断的

第六章
社会危机时的媒体关系管理

逻辑是不一样的,遵循哪个判断逻辑呢?所以今天的人们是用情感进行社会认同、社会角色的判断。

情感判断的本质是关系判断,即人们首先要在所有逻辑判断之前厘清一个关系:我跟你是什么样的关系,是同舟共济的关系,还是博弈关系,这两种关系的判断对于社会认同而言是至关重要的,如果是同舟共济的关系,我能接受你的道理,接受你的事实,如果是博弈关系,你的观点、你的意见、你的逻辑,那是你的,我才不听你的忽悠呢!这就是问题的实质所在。我们简单用摆事实讲道理引导社会的时候,如果没有在情感共振、关系认同上下很大功夫的话,你说你的道理,公众只会用博弈的心态看待你,锱铢必较,沟通成本很高,宣传效果很差。换言之,我们在舆论引导过程中,如果没有同舟共济、情感共振、关系认同作为前提和基础,摆事实、讲道理就不会起到相应的作用。铁道部前新闻发言人王勇平之所以遭遇巨大的舆论恶评,很大程度上是因为他的讲话逻辑和社会之间、民生民意之间有着巨大的不接轨,这才是问题的实质。

概言之,政府角色转换以及关系资源的获得是走出当前舆情困境的关键。

三、从顶层设计上建设好新闻发言人制度

判断新闻发言人是否合格的根本标准是在多大的程度上减少和消除了人们对于公共事务认知上的信息不对称状况。所谓新闻发言人是指那些由政府及其下属机构所任命或指定的新闻发布人员,其职责是就政府或本机构责任范围内的重大事变或现实问题,或举行新闻发布会,或约见记者,提供相关的新闻事实,阐释政府的立场、观点,介绍政府已经采取和将要

采取的对策措施，并作为政府或机构的代表回答记者的提问。

　　从历史上看，政府新闻发言人制度的建立往往是与民主政治的发展、市场经济的活跃以及个人权利的保障联系在一起的。新闻资源是一种权力资源。知情权是公众所有社会权利的基础。譬如，话语权便是建立在知情权的基础之上的。当家做主，首先要知情，而知情的第一要务是提高公共信息的社会共享程度。现代社会由于其运作的极端复杂性，客观上已经造成了全能政府的终结。要使社会分担责任，在有限责任政府治下的良性社会，一定是一个公共信息资源充分共享的社会。在这个意义上，新闻与公共信息是人民的眼睛和耳朵，是社会得以理性选择、辨别判断和承担责任的前提。

　　因此，在新闻传播领域，体现我们党关于"执政为民"主张最为关键的一点，就是要使我们的新闻传播工作充分体现对于人民群众知情权的尊重与保障。

　　判断一个新闻发言人合格与否的标准不是看他应对记者和公众的技巧是否运用得圆熟，甚至不是简单地看他是否贯彻了政府的意图，说服了记者和公众。我们认为，从根本上说，判断一个新闻发言人合格与否的标准是看他是否在相当大的程度上减少和消除了人们对于公共事务认知上的信息不对称状况，使公众对于公共事物的认知，由知之不多到知之较多，由认识不全面到认识较为全面，由较为肤浅的认识到较为深刻的认识。如果是这样，我们就可以说，新闻发言人是尽职和到位的。

　　自从推行新闻发言人制度之后，各种各样的新闻发言人培训多了起来。这当然是一件好事。但是问题在于，目前的新闻发言人培训，更多培养的是新闻发言人应对记者或公众的技巧和形式，比如说如何面对记者提问、如何着装、如何调整自己的心态和语气等。这些方面当然不能

第六章
社会危机时的媒体关系管理

说不重要,但是一个最根本的问题,一个合格的新闻发言人培训,应该强调的问题并不是技巧,而是作为一个新闻发言人的角色自觉以及价值取向的把握。一项政策说到底是有它的价值底牌的,就是说制定它到底是为谁服务的。

长期以来,在相当多的政府官员的眼里,信息的披露是他们的权利,而不是义务。我们看到的一个事实是,当新闻发言人制度建立以后,许多原本应该由各个部门官员承担的信息披露工作都被一股脑地推给新闻发言人,而发言人又以对情况不了解为由拒绝接受采访。

从表层上,这可以说是对新闻发言人制度的误读,是对新闻发言人制度的严重曲解。实际上,建立新闻发言人制度并不是免除各级官员面对新闻机构向公众披露信息、公开政务的职责。不是说有了新闻发言人,其他官员一律都可以不接受采访了。我们的政府,包括每个实行新闻发言人制度的国家,都没有这么向外解释新闻发言人制度。如果用这种方式来理解,有新闻发言人制度还不如没有好。

更深层的问题是:官员为什么不愿接触媒体,即使面对媒体也往往照本宣科,不想多说一句?这是因为,事关公众利益的信息披露是要担当相当的责任的。从现代政治传播学的角度说,信息就是一种权利。披露信息实际上等于是一种权利的社会分享过程。这种权利分享到什么程度、以什么方式分享,都需要制度来保障。

目前在信息公开方面,部分部门还存在责任不对称的现象,主要表现在:作为某一级主管的官员,不披露某类信息就不会承担任何责任。而如果一旦他披露了,却可能要承担由此而来的全部后果。人的天性是趋利避害。责任不对称使官员倾向于沉默,倾向于不披露,倾向于不跟媒体接触。这是体制的问题。因此,在信息披露问题上应该建立对称的责任制。责任制的内涵就是，不管他披露信息还是不披露信息，相关的责任都应该由他承担。如果事后有证据表明他隐瞒了相关的重要事实，或者对于公众有误导，就要追究这个部门和这个人的相关责任。在这样一种责任体制下，主管的机构和新闻发言人就会有一个权衡：如果不披露，引起的负面效果和损失，他们是否能够承担得起。这个责任是对称的，而不是说不披露就不用负责任。

信息的披露的确有一个度的把握，把握这个度的标准为是否增进了官民的沟通和理解、是否拉近了官民的心理距离、是否让社会摆脱"不明真相"的困扰、是否让社会充分地知情。新闻发言人制度首先是为保障人民群众的知情权而建立的，政府是不应该有其特殊利益的。即使从政府公关的角度看，说实话，直面现实，也是新闻发言人制度的一个题中应有之意。什么叫公关？公关之父伯奈斯说，最好的公关就是说实话。当你不说实话的时候，即使你有很高的技巧，但最终还是要受到时代、舆论和历史的惩罚。设立新闻发言人并不是为了要把一个事情"抹平"。根本的问题是，政府要通过新闻发言人的发言行为，使政府与公众之间的信息不对称状态得以改善，使公众对事实的了解更加全面、更加客观、更加深刻。这是判断新闻发言人做得到位不到位、称职不称职、效果好不好的最高标准。

当然，对于新闻发言人制度的建设而言，除了推进重大公共信息披露的法制化进程外，还有一系列的制度安排方面的工作要做。譬如，应对公共危机的制度安排其实是良好有效的危机传播的组织保障。公共危机组织传播方案由"问题管理传播"与"危机与紧急事件传播"两大部分构成。突发公共危机组织传播方案的目的，在于通过高效而精心准备的信息发布，使人们在突发灾害和紧急危机情况下能够做出正确的行为选择，从而

第六章
社会危机时的媒体关系管理

逐步恢复正常的社会秩序。

  显然,这一切并不是简单的技巧性的学习可以囊括的,也不是简单地下一个文件就可以推行的。在建立新闻发言人制度方面,我们还需要在制度逻辑、行为规范、考评标准等方面,做更多的与时俱进的完善和改造。

附录
新闻发布相关实用手册

附录
新闻发布相关实用手册

第一节　媒体应对技巧小便笺

- Contact my PR manager.

请和我们的宣传部门联系。

- Ask for questions list.

尽可能要求对方发来采访提纲。

- Listen carefully. Answer after you understand the question.

仔细倾听,充分理解媒体的问题再回答。

- Clear and simple answer.

尽量简洁的回答。

- Take control talk by stressing your key message.

通过强调你的关键词来控制对话。

- Speak positively, and repeat when necessary.

当问题不好回答,必要时重复你的观点。

- There is no Off record.

永远不要说无可奉告。

- Never comment on competitors or irrelevant issues.

不要评论竞争对手。

- Never argue, debate, but keep calm.

不要与媒体对抗、争论,保持冷静。

- Never comment on other's quote, or information from unknown sources.

不要评论不清楚或不确定的信息。

- Write down what you want to say before interview, and look at it.

如有时间,先写下你要回答的采访问题。

- Never blame on employees, customers or products.

不要对媒体责怪抱怨员工、消费者或产品等。

- Keep silent when nothing to say.

当不知如何回答时保持沉默。

- Try not to answer yes or no questions–repeat your fact.

尽量避免直接回答"是"或"不是"——尽量重复事实。

- Don't let reporter put his words in your mouth.

不要让记者把他所想说的话强加给你。

- Don't give figures you are not prepared to say.

不要轻易给数字,特别是不确定的时候。

- Never repeat negative rumors, quotes.

不要再重复负面事件的事实过程。

- Be calm, confident, and helpful.

保持镇静、自信、胸有成竹。

- Provide sufficient information–Ericsson case.

附录
新闻发布相关实用手册

提供足够的信息——对于正面事件。

- Briefing, and make sure you are understood.

确保你的真实意思被理解。

- Say "don't know" or "policy prohibits" instead of "no comment".

用"不知道"或"政策不允许"代替"无可奉告"。

- Don't speak for others.

不要说与采访主题无关的话题。

- Ask for date of publication and draft review.

问清楚采访见报或播出时间。

- Don't guess.

切勿猜测答案。

- Don't think you have to answer every question.

不要认为你有责任回答每一个问题。

- Don't accept "what if" questions.

不要接受"如果……"之类的问题。

- Don't attempt to use your advertising weight to influence news coverage.

切勿将广告投放与新闻报道相牵连。

第二节　企业新闻发布操作手册

一、新闻发布会的标题选择

每个新闻发布会都会有一个名字,这个名字会打在关于新闻发布会的一切表现形式上,包括请柬、会议资料、会场布置、纪念品等。在选择新闻发布会的标题时,一般需要注意以下几点。

1.避免使用新闻发布会的字样。我国对新闻发布会是有严格申报、审批程序的,对企业而言,并没有必要如此烦琐,所以直接把发布会的名字定义为"××信息发布会"或"××媒体沟通会"即可。

2.最好在发布会的标题中说明发布会的主旨内容。例如,"某某企业2005新品信息发布会"。

3.通常情况下,需要打出会议举办的时间、地点和主办单位。这个可以在发布会主标题下以字号稍小的方式出现。

4.有时,可以为发布会选择一个具有象征意义的标题。这时,一般可以采取主题加副题的方式。副题说明发布会的内容,主题表现企业想要表达的主要含义。例如,"海阔天空 五星电器收购青岛雅泰信息发布会"。

二、新闻发布会的时间选择

新闻发布的时间通常也是决定新闻何时播出或刊出的时间。因为多数平面媒体刊出新闻的时间是在获得信息的第二天,因此要把发布会的时间尽可能安排在周一、周二、周三的下午为宜,会议时间保证在1小时左右,这样可以相对保证发布会的现场效果和会后见报效果。

发布会应该尽量不选择在上午较早时间或晚上。部分主办者出于礼貌的考虑,有的希望可以与记者在发布会后共进午餐或晚餐,这并不可取。如果不是历时较长的邀请记者进行体验式的新闻发布会,一般不需要做类似的安排。

有一些以晚宴酒会形式举行的重大事件发布,也会邀请记者出席。但应把新闻发布的内容安排在最初的阶段,至少保证记者的采访工作可以比较早地结束,确保媒体次日发稿。

在时间选择上还要避开重要的政治事件和社会事件,媒体对这些事件的大篇幅报道任务,会冲淡企业新闻发布会的传播效果。

三、新闻发布会的地点安排

场地可以选择户外(事件发生的现场,便于摄影记者拍照),也可以选择在室内。根据发布会规模的大小,室内发布会可以直接安排在企业的办公场所或者选择酒店。酒店有不同的星级,从企业形象的角度来说,重要的发布会宜选择五星级或四星级酒店。

酒店有不同的风格,不同的定位,选择酒店的风格要注意与发布会的内容相统一。还要考虑地点的交通便利与易于寻找。包括距离主要媒体、重要人物的远近,交通是否便利,泊车是否方便?

发布方在寻找新闻发布会的场所时,还必须考虑以下的问题。

会议厅容纳人数?主席台的大小?投影设备、电源?布景、胸部麦克风、远程麦克风？相关服务如何？住宿、酒品、食物、饮料的提供？价钱是否合理？有没有空间的浪费？

背景布置。主题背景板，内容含主题、会议日期，有的会写上召开城市，颜色、字体注意美观大方，颜色可以企业 VI 为基准。酒店是否会代为安排。

酒店外围布置，如酒店外横幅、竖幅、飘空汽球、拱形门等。酒店是否允许布置。当地市容主管部门是否有规定限制等。

四、新闻发布会的席位摆放

摆放方式：发布会一般是主席台加下面的课桌式摆放。注意确定主席台人员。需摆放席卡，以方便记者记录发言人姓名。摆放原则是"职位高者靠前靠中，自己人靠边靠后"。

现在很多会议采用主席台只有主持人位和发言席，贵宾坐于下面的第一排的方式。一些非正式、讨论性质的会议是圆桌摆放式。

摆放回字型会议桌的发布会现在也出现的较多，发言人坐在中间，两侧及对面摆放新闻记者坐席，这样便于沟通。同时也有利于摄影记者拍照。

注意席位的预留，一般在后面会准备一些无桌子的坐席。

五、发布会其他道具安排

最主要的道具是麦克风和音响设备。一些需要做电脑展示的内容还包括投影仪、笔记本电脑、联线、上网连接设备、投影幕布等，相关设备在发布会前要反复调试,保证不出故障。

新闻发布会现场的背景布置和外围布置需要提前安排。一般在大堂、电梯口、转弯处有导引指示欢迎牌,一般酒店有这项服务。事先可请好礼仪小姐迎宾。如果是在企业内部安排发布会,也要酌情安排人员做记者引导工作。

六、新闻发布会的资料准备

提供给媒体的资料,一般以广告手提袋或文件袋的形式,整理妥当,按顺序摆放,再在新闻发布会前发放给新闻媒体,顺序依次应为:

◇ 会议议程;
◇ 新闻通稿;
◇ 演讲发言稿;
◇ 发言人的背景资料介绍(应包括职务、主要经历、取得成就等);
◇ 公司宣传册;
◇ 产品说明资料(如果是关于新产品的新闻发布的话);
◇ 有关图片;
◇ 纪念品(或纪念品领用券);
◇ 企业新闻负责人名片(新闻发布后进一步采访、新闻发表后寄达联络);
◇ 空白信笺、笔(方便记者记录)。

七、发布会发言人的确定

新闻发布会也是公司要员同媒介打交道的一次很好的机会,值得珍惜。代表公司形象的新闻发言人对公众认知会产生重大影响。

新闻发言人的条件一般应有以下的几方面。

公司的头面人物之一——新闻发言人应该在公司身居要职，有权代表公司讲话。

良好的外型和表达能力。发言人的知识面要丰富，要有清晰明确的语言表达能力、倾听的能力及反应力、外表包括身体语言整洁、大方得体。

执行原定计划并加以灵活调整的能力。

有现场调控能力，可以充分控制和调动发布会现场的气氛。

八、发言人回答记者提问的准备

在新闻发布会上，通常在发言人进行发言以后，有一个回答记者提问的环节，可以通过双方的充分沟通，增强记者对整个新闻事件的理解以及对背景资料的掌握。有准备、亲和力强的领导人接受媒体专访，可使发布会所发布的新闻素材得到进一步的升华。

在答记者问时，一般由一位主答人负责回答，必要时，如涉及专业性强的问题，由他人辅助。

发布会前主办方要准备记者答问备忘提纲，并在事先取得一致意见，尤其是主答和辅助答问者要取得共识。

在发布会的过程中，对于记者的提问应该认真作答，对于无关或过长的提问则可以委婉礼貌地加以制止，对于涉及企业秘密的问题，有的可以直接、礼貌地指出它是企业机密，一般来说，记者也可以理解，有的则可以委婉作答。不宜采取"无可奉告"的方式。对于复杂而需要大量的解释的问题，可以先简单答出要点，邀请其在会后探讨。

有些企业喜欢事先安排好媒体提问的问题，以防止媒体问到尖锐、敏感的问题。建议不宜采取。

九、新闻发布会对记者的邀请

媒体邀请的技巧很重要,既要吸引记者参加,又不能过多透露将要发布的新闻。在媒体邀请的密度上,既不能过多,也不能过少。一般企业应该邀请与自己联系比较紧密的商业领域记者参加,必要时如事件现场气氛热烈,应关照平面媒体记者与摄影记者一起前往。

邀请的时间一般以提前3到5天为宜,发布会前一天可做适当的提醒。联系比较多的媒体记者可以直接采取电话邀请的方式。相对不是很熟悉的媒体或发布内容比较严肃、庄重时可以采取书面邀请函的方式。

适当地制造悬念可以吸引记者对发布会新闻的兴趣,一种可选的方式是开会前不透露新闻,给记者一个惊喜。"我要在第一时间把这消息报道出来"的想法促使很多媒体都在赶写新闻。如果事先就透露出去,用记者的话说就是"新闻资源已被破坏",看到别的报纸已经报道出来了,记者写新闻的热情会大大减弱,甚至不想再发布。无论一个企业与某些报社的记者多么熟悉,在新闻发布会之前,重大的新闻内容都不可以透露出去。

在记者邀请的过程中必须注意,一定需要邀请新闻记者,而不能邀请媒体的广告业务部门人员。有时,媒体广告人员希望借助发布会的时机进行业务联系,并做出也可帮助发稿的承诺,此时也必须进行回绝。